L'ENLÈVEMENT

Catalogage avant publication de Bibliothèque et Archives nationales du Québec et Bibliothèque et Archives Canada

Rocheleau, Carl, 1984-

L'enlèvement

ISBN 978-2-89662-615-1

1. Rocheleau, Véronique – Enlèvement, 1984. 2. Enlèvement de mineurs – Québec (Province). 3. Victimes d'enlèvement - Québec (Province) – Biographies. I. Titre.

HV6604.C32R62 2016   364.15'4092   C2016-941431-0

Édition
Les Éditions de Mortagne
C.P. 116
Boucherville (Québec) J4B 5E6
Tél. : 450 641-2387
Télec. : 450 655-6092
editionsdemortagne.com

Iconographie
En couverture : ©Kinos

Dépôt légal
Bibliothèque et Archives Canada
Bibliothèque et Archives nationales du Québec
Bibliothèque nationale de France
4e trimestre 2016

ISBN 978-2-89662-615-1
ISBN (epdf) 978-2-89662-616-8
ISBN (epub) 978-2-89662-617-5

Imprimé au Canada

Gouvernement du Québec – Programme de crédit d'impôt pour l'édition de livres – Gestion SODEC.

Membre de l'Association nationale des éditeurs de livres (ANEL)

CARL ROCHELEAU

L'ENLÈVEMENT

ÉDITIONS DE Mortagne

CARL ROCHELEAU

L'ENLÈVEMENT

ÉDITIONS DE MORTAGNE

*Je dédie ce livre aux victimes d'actes criminels,
ainsi qu'à leurs proches, qui souffrent d'une manière
différente mais tout aussi insupportable.*

PRÉFACE

Ça fait drôle : aujourd'hui, nous sommes le 11 août 2016. Il y a cinquante-sept ans, jour pour jour, je commençais ce métier. Je n'aurais jamais pensé, lorsque j'ai été engagé comme reporter aux affaires judiciaires et policières, que j'aurais l'occasion de souligner la parution d'un livre qui raconte l'histoire d'une personne qui a été enlevée.

Dans ma carrière, j'ai été appelé à plusieurs reprises à intervenir dans des cas de prises d'otages – des gens qui avaient des problèmes et qui m'ont demandé de les soutenir pour qu'ils se livrent aux autorités policières. J'ai aussi côtoyé des victimes d'enlèvement. Je me souviens entre autres des gens qui étaient présents à l'Assemblée nationale lorsqu'un individu armé est entré. Certains ont été tués, et d'autres, qui ont assisté à l'événement et qui ont été blessés, n'ont jamais été capables de retourner à l'Assemblée nationale. J'ai également connu des personnes qui ont travaillé dans des institutions bancaires, qui ont été témoins d'une prise d'otages, et qui ont été marquées pour le reste de leur vie.

Dans un cas d'enlèvement célèbre, l'affaire Charles Marion – l'homme a été détenu pendant quatre-vingt-deux jours –, j'avais été choisi avec mon collègue Normand Maltais pour intervenir à titre de négociateur auprès des ravisseurs. À la suite des événements, monsieur Marion est devenu une loque humaine et, quelques années plus tard, compte tenu qu'on avait fait son procès sur la place publique, il s'est enlevé la vie.

Je trouve excellent que le frère de Véronique Rocheleau ait décidé de raconter, dans ce récit, les épreuves qu'elle a vécues. Car, pour en témoigner, il faut avoir été enlevé. Qu'on le veuille ou pas, lorsqu'on est victime d'un enlèvement, on pense à la mort. On l'a vu dans le passé. Des gens que j'ai connus ont été enlevés et ont été tués. Alors il est extrêmement difficile pour quelqu'un de vivre un enlèvement. J'ai beaucoup de respect pour cette femme. Et, comme vous le constaterez dans ce livre, j'ai moi-même joué un petit rôle dans cette affaire.

Alors je vous dis, madame, chapeau d'avoir accepté de vous confier à votre frère. Et j'invite les gens qui aiment ce genre de récit à lire ce livre. Ça leur démontrera à quel point une personne qui a été enlevée a pu souffrir, et tout ce qu'elle a pu vivre. Même après plusieurs années, cinq ans, dix ans ou quinze ans, ça ne s'efface pas. Ces gens resteront marqués pour le reste de leurs jours.

Sur ce, je vous souhaite une excellente lecture.

Claude Poirier

10-4

MOT DE L'AUTEUR

Mon nom, vous l'avez vu en couverture, est Carl Rocheleau. Je suis l'auteur de ce livre, mais aussi le frère de Véronique Rocheleau. Avant que vous lisiez l'histoire de ma sœur, laissez-moi vous expliquer pourquoi je l'ai écrite.

Pour cela, il nous faut reculer à l'hiver 2004. J'allais avoir vingt ans, Véronique et moi étions de passage chez ma mère, et nous nous sommes retrouvés seuls pendant un instant. Ma sœur n'allait pas bien, une forte dépression l'affectait et, depuis quelques mois, elle rencontrait une psychologue qui l'accompagnait dans un processus qui faisait remonter en elle le traumatisme qu'elle avait subi vingt ans plus tôt.

Avant cette journée, tout ce que je savais, c'est que ma sœur aînée avait été kidnappée quelques jours avant ma naissance. Et c'est à peu près tout ce dont Véronique elle-même se souvenait, jusqu'à ce qu'elle bénéficie d'un soutien psychologique grâce au Centre d'aide aux victimes d'actes criminels. Quand des images se sont mises à faire surface, elle a ressenti le besoin de s'ouvrir, et j'étais là, son petit frère maintenant en âge de comprendre. Ce petit frère qu'elle attendait lors des événements et pour qui elle désirait vivre. Un petit frère qui voulait écrire des histoires.

Ce soir-là, je lui ai juré qu'un jour nous écririons celle de son enlèvement. Véronique a continué sa thérapie, puis nous avons laissé retomber la poussière. Plusieurs années plus tard, j'ai discuté avec ma mère. Je me rappelle être resté une heure sur le seuil de sa porte, à prendre des notes sur un sac en papier pendant qu'elle me racontait, en larmes, un souvenir qui surgissait alors que je la quittais.

En novembre 2011, je questionnais et j'écoutais ma sœur chaque jour. Comment retourner le fer dans la plaie pendant des heures sans trop faire souffrir un être aimé? Je ne saurais le dire. Je l'ai fait avec toute la candeur et la sympathie dont mon cœur était capable, ce qui n'a pas empêché ma sœur de pleurer la plupart du temps. Et j'ai répété l'expérience avec ma mère, ce qui fut tout aussi exigeant, car j'étais moi-même devenu père entre-temps. Son récit provoquait en moi des émotions insoutenables.

Finalement, j'ai épluché la centaine de coupures de journaux conservées par mon grand-père, ma mère et ma marraine. Je tenais à montrer le travail des policiers, mais aussi le soutien de toute la communauté urbaine, qu'on a malheureusement tendance à mépriser de nos jours. Puis, j'ai consulté les archives de la police de Montréal et interviewé les témoins de l'événement. L'inspecteur, l'amie d'enfance, la passante…

Voici donc le fruit d'un labeur de plusieurs années. Trois points de vue y sont exprimés, avec tout ce qu'ils ont de contradictoire : celui de ma sœur, une femme de quarante ans qui formule les pensées d'une petite fille de huit ans ; celui de ma mère, qui avait vingt-sept ans à l'époque ; et le mien, qui présente le résultat de mes lectures et de mes recherches sur l'enquête.

Ce livre possède une particularité qu'il m'apparaît important de souligner. Il expose les conséquences à long terme d'un acte criminel. Contrairement à ce qu'on peut croire, le crime n'est qu'une infime partie des douleurs subies par les victimes. La vie devient survie, et ce, pendant un nombre incalculable d'années.

Sachez finalement que ma sœur et ma mère n'ont pas encore véritablement discuté ensemble des événements de 1984 et des années qui ont suivi. Quand elles l'ont fait, ce ne fut qu'un échange de quelques mots. Ce livre est ainsi le premier contact de leurs témoignages respectifs.

PROLOGUE

Véronique

— Maman, tu vas trop vite.

Je n'ai que huit ans, pourquoi ma mère pense-t-elle que je suis capable de me déplacer aussi rapidement qu'elle? Il fait froid, et le vent souffle si fort que j'avance à peine. Nous allons toujours à pied partout.

— Pourquoi on ne prend pas l'autobus?

— C'est bon pour la santé de marcher.

C'est ce qu'elle dit, mais je crois plutôt qu'on n'a pas d'auto parce que nous sommes pauvres. Ça prend au moins une demi-heure pour arriver à l'école de ballet. Mes amies y vont en autobus, elles. Et leur mère leur achète des vêtements au lieu d'en coudre.

— J'haïs ça, marcher.

— Habitue-toi, réplique ma mère, parce que tu vas le faire en maudit quand on va habiter en campagne !

Plutôt mourir ! Mes parents sont obsédés par la campagne. Ils oublient que nous avons passé les pires années de notre vie en campagne avant d'enfin déménager à Montréal.

Je suis une gentille petite fille, je mérite qu'on s'occupe bien de moi, non ? Tout le monde voudrait d'une belle enfant aux cheveux châtains, et dont les yeux verts scintillent de joie. Sans compter que je suis bonne à l'école, que je suis tranquille et sociable. Que demander de mieux ? Donnez-moi deux poupées, et je vous laisse la paix tout l'après-midi ; mais faites-moi marcher trente minutes en plein mois de janvier sur des trottoirs couverts de glace, et vous verrez à qui vous avez affaire !

Lise

— Avance, arrête de traîner de la patte !

Je n'arrive pas à croire qu'on prenne une demi-heure pour se rendre à son cours de ballet. Quand je marche seule, je mets vingt minutes à atteindre la boutique de couture, et c'est deux fois plus loin. Pourtant, Véronique marche pour aller à l'école, et ça n'a pas l'air de la déranger. J'ai vraiment l'impression que c'est par caprice qu'elle me fait endurer ça. C'est mon mari tout craché. Quand il ne veut rien savoir de quelque chose, Dominique prend tellement son temps que je finis par m'en occuper à sa place.

Quand nous vivions à Saint-Didace, Véronique exigeait beaucoup moins de moi. Malgré les difficultés, j'aimais notre maisonnette. Là-bas, nous espérions vivre notre rêve. Mon mari et moi voulions former un groupe de musique folk avec mon beau-frère Gilles. Trio vocal accompagné d'instruments. Avec ma chevelure blonde et bouclée, mes lunettes rondes et mes vêtements faits main, j'avais tout pour monter sur scène dans un bar de chansonniers.

Finalement, Gilles a déménagé dans le Nord, et Dominique est allé travailler en ville. Nous avons mis la musique de côté pour un temps. Mon mari partait toute la semaine, travaillait, sortait dans les bars avec ses sœurs, et revenait le vendredi soir avec le peu d'argent qu'il lui restait. Les meilleures semaines, il rapportait vingt dollars. Les pires, il empruntait de l'argent à son père pour venir nous voir en autobus. Comme mes cours de chant hebdomadaires me coûtaient cinq dollars, il nous restait quinze dollars pour survivre une semaine ou deux.

La décision a été difficile, mais nous avons choisi de nous installer à Montréal. En louant la maison de Saint-Didace, nous comptions rembourser notre prêt et nous en sortir en ville, mais les locataires ont tellement causé de problèmes que nous avons décidé de vendre à perte pour simplement régler notre dette. Retour à la case départ.

Nous rêvons toujours de posséder notre maison de campagne, avec une fermette et un jardin. J'aimerais qu'elle devienne une résidence, un centre de répit unique où gens âgés et personnes handicapées pourraient se reposer et être plus près de la nature. Notre premier résident sera Jean-Pierre, le frère aîné de Dominique, puis des tantes ou des oncles qui se font vieux. Ce sera un paradis sur terre.

Malheureusement, nos recherches sont peu concluantes, et la vie a parfois une manière tragique de nous ramener à la réalité.

PREMIÈRE PARTIE

24 JANVIER 1984

Véronique

— Maman, on n'a plus de lait.

— Ben va en chercher au dépanneur, sans-génie! me lance-t-elle.

Ça, c'est ma mère qui essaie de se reposer un peu. Pas très sympathique. Elle a mal dormi toute la nuit, alors elle me parle comme si j'étais une étrangère qui était entrée par la fenêtre. Ma mère a mal dormi à cause de deux gars: mon frère et mon père. Mon frère est encore dans son ventre mais, vu qu'il est sur le point de naître, il la dérange beaucoup. Sans compter que son arrivée était plus ou moins prévue et que l'espace manque dans l'appartement. Pour ce qui est de mon père, eh bien, il est musicien. Chansonnier. Ça, ça veut dire qu'il joue dans les petits bars de la ville pour pas cher. Il rentre tard chaque fois. Et, chaque fois, il sent l'alcool et la cigarette.

Mon père n'est pas mauvais pour autant. Au contraire, c'est le meilleur père du monde! Quand il est là, il joue toujours avec moi et me permet des choses sans le dire à maman. C'est pour cette raison que je vais le voir dans le salon, où il dort, assis dans le vieux fauteuil de grand-maman.

— Papa, il me faut de l'argent pour le lait, lui dis-je.

Il ouvre à peine les yeux et me sourit.

— Mon petit change est sur la laveuse. Prends ce qu'il faut pour t'acheter aussi des bonbons.

Finalement, ma commission n'est plus une corvée.

Nous vivons dans le quartier Rosemont, avenue Papineau, au 6509. Nous habitons au-dessus d'un restaurant et d'un magasin de meubles. De l'autre côté de la rue, il y a un dépanneur tenu par un couple de Vietnamiens très gentils avec moi. Quand j'ai une commission à faire, je descends le vieil escalier qui passe entre le magasin de meubles et le restaurant, je traverse la rue et j'arrive directement au dépanneur.

Ce matin, la dame range les paquets de cigarettes, debout sur un haut tabouret. Elle me sourit et hoche la tête pour me saluer. Je prends le lait. Je choisis un casse-gueule et un sac de jujubes que je pourrai payer avec l'argent qui restera.

De retour chez moi, je mange des céréales. Ensuite, je ramasse mes cahiers d'école, laissés sur la table de cuisine hier soir, et je les place avec mon étui à crayons dans mon sac à dos de cuir. J'endosse le vieux manteau d'hiver que maman m'a cousu et je saute dans mes bottes trop serrées. Maman me promet qu'on ira m'acheter des bottes neuves si papa vend des produits Amway cette semaine. S'il ne vend pas de produits nettoyants ou de crèmes hydratantes, il n'aura pas de commission.

Il y a environ dix minutes de marche entre l'appartement et l'école. À mi-chemin, je rejoins Brigitte et Annie. Une fois dans la cour, nous allons près du mur, derrière la butte de neige où les gars jouent au roi de la montagne, et nous parlons en attendant que la cloche sonne.

— Mes parents vont acheter une maison à Longueuil, nous annonce Brigitte. C'est la dernière année que je passe ici.

Cette nouvelle m'attriste, parce que j'aime beaucoup Brigitte. Pourtant, je ne peux m'empêcher de l'envier.

La cloche sonne. Nous entrons en classe.

La matinée passe lentement. Je pense à l'annonce de mon amie. Aller dans une nouvelle école, c'est avoir l'occasion de changer sans que personne le remarque. Nouvelle coupe de cheveux, nouveaux vêtements, nouvelle personnalité. Rien n'y paraît.

Malgré tout, je préfère partager ma chambre qui sent le moisi avec un bébé pleurnichard plutôt que de quitter la ville.

Je dîne chez moi. Mon père n'est pas là. Ma mère coud dans sa chambre. Le son de sa machine étouffe le bruit que je fais. Est-elle consciente que je suis là?

Je termine mon plat devant la télé. Je me dépêche de retourner à l'école pour avoir plus de temps pour parler avec Brigitte et Annie. Quand j'ouvre la porte, ma mère coud toujours.

— Bon après-midi! lancé-je sans espérer de réponse.

— On ne sera pas là quand tu vas revenir de l'école, m'informe-t-elle. Si t'as besoin de quelque chose, tu descendras voir les voisins.

L'après-midi passe en un éclair, et nous nous retrouvons vite à l'extérieur. La surveillante nous pousse en dehors de la cour en nous disant de rentrer chez nous si nous ne voulons pas «geler comme des cretons». Nous nous éloignons en riant.

Comme hier, le brigadier n'est pas là pour nous faire traverser la rue. Un jeune homme vient vers nous. En fait, il vient vers moi, comme s'il me connaissait. Malgré l'hiver, son manteau est ouvert et il n'a pas de tuque, que des gants. Il est assez beau. Il doit avoir vingt-cinq ans. Il a l'air gentil.

— Caroline?

— Euh, non. Moi, c'est Véronique.

Il a l'air soulagé.

— Ah! Je suis content de t'avoir reconnue. Moi, c'est François. La photo que ta mère m'a montrée était un peu floue, et j'avais peur de me tromper.

Je me fige sur place. Pourquoi ma mère a-t-elle montré ma photo à cet homme? Voyant ma confusion, il ajoute:

— Ta mère est une amie de ma mère. On suit des cours de guitare ensemble. Elle m'a demandé de venir te chercher.

— Pourquoi?

— Ton père s'est trouvé une job. Ta mère a visité des appartements tout l'après-midi. Elle veut que tu viennes la rejoindre pour avoir ton avis, alors je suis venu te chercher. Tu vas voir, elle en a trouvé un vraiment beau. Ta chambre est super grande, et celle de ton frère est très belle.

Wow! Ça, c'est incroyable! Nous ne déménagerons pas en campagne! Je n'en reviens pas. Je me retourne vers mes amies, prête à recevoir leurs effusions de joie. Elles ne partagent pas mon bonheur.

— Il a l'air étrange, commente Brigitte.

— Viens, Véro, ajoute Annie. Ta mère veut toujours que tu rentres à la maison tout de suite après l'école.

François se fait pressant.

— Bon, dépêche, Véronique. Ta mère nous attend. Dis bye-bye à tes amies.

Il me tend la main. Je la prends, et nous marchons ensemble dans la direction opposée à celle que j'emprunte chaque jour. Je ne me doute pas que, durant les trente prochaines années, Annie reverra cette scène en boucle en se demandant pourquoi elle n'a pas insisté davantage.

Plus loin, nous montons dans un autobus. À l'intérieur, il y a beaucoup de monde, mais François arrive à se faire une place. Il s'assoit.

— Tu peux venir sur mes genoux, si tu veux.

C'est gênant. Après tout, je ne le connais pas vraiment. Sans rien dire, je reste debout.

À ce moment, derrière la joie du déménagement naît le doute. *Et si...* Non, impossible. Il connaît mes parents, ce n'est pas un étranger. En plus, si j'avais refusé de le suivre, ma mère se serait probablement fâchée. Je n'ose pas imaginer la punition que j'aurais eue ce soir.

Pour me montrer polie, j'entame la conversation.

— Est-ce que c'est loin?

Il ne répond pas. Il a sûrement mal entendu.

— Est-ce que c'est loin? répété-je, plus fort.

Il m'entend. Sa mâchoire se serre. Je le dérange. Il ne dit rien.

Je commence à avoir peur. *Si c'était vrai, les histoires d'enfants enlevés?* Non. François sait que mes parents veulent une nouvelle maison. Un fou qui enlève des enfants ne saurait pas ça. Il ne m'aurait pas traînée dans un autobus rempli de monde.

Mais il ne répond pas!

Je n'ose pas le regarder dans les yeux. Je crains qu'il ne voie le doute dans les miens.

Après cinq minutes de silence, je reprends mes esprits. S'il ne me parle pas, c'est parce qu'il n'aime pas les enfants. Ça l'ennuie sûrement d'aller chercher la fille de l'amie de sa mère pour rendre service. Il avait d'autres choses à faire. Oui, c'est ça.

Quand nous descendons de l'autobus, je ne sais pas où nous sommes.

— Il faut que je passe chez un ami, dit François. J'ai quelque chose à ramasser.

Son ami vit dans un sous-sol, près de l'arrêt d'autobus. François me demande d'attendre dans l'escalier de béton. Il cogne à la porte et un homme lui ouvre. François murmure quelque chose et entre.

Je suis seule.

Je patiente de longues minutes et j'ai froid. J'imagine notre future maison.

Il y a une grande cuisine avec des armoires de bois et un plancher en céramique. Le salon est immense, les fauteuils sont faits d'un tissu doux, et la télévision est énorme. Au deuxième étage, il y a les chambres. Elles sont magnifiques, leurs fenêtres donnent toutes sur un parc.

François sort de l'appartement et me sourit. Nous repartons. Une ruelle, une rue, une autre rue. Nous marchons beaucoup.

— On est presque arrivés. As-tu froid ? On va s'arrêter chez ma grand-mère pour se réchauffer.

Nous entrons dans un immeuble. Nous prenons l'ascenseur et descendons.

Quand les portes s'ouvrent, nous sommes dans la buanderie. François retire ses gants, m'enlève mon manteau et mes mitaines. Il les pose sur un calorifère.

— Ça ne te dérange pas que je me réchauffe un peu les mains ? s'informe-t-il en glissant ses mains dans mes petites culottes.

Ses doigts froids sont collés à mes fesses. Je gigote, mal à l'aise.

— Fais-moi confiance, je suis médecin. C'est le meilleur moyen de se réchauffer les mains.

Et si je me sauvais ? Non. Je ne peux pas. Si ce qu'il dit est vrai, ma mère va avoir honte de moi. Sans compter que je n'ai aucune idée d'où nous sommes.

Après cinq longues minutes, il reprend, comme à contrecœur :

— Bon, on peut y aller.

Je remets mon manteau. Nous sortons et marchons une quinzaine de minutes. J'ai les larmes aux yeux. Je voudrais lui demander pourquoi nous ne sommes pas allés chez sa grand-mère, mais j'ai peur de sa réponse.

— C'est ici, m'annonce François.

L'immeuble est un peu délabré, mais notre appartement sur Papineau aussi, alors ça ne me dérange pas. François me laisse attendre en avant pendant qu'il passe par-derrière pour ouvrir. Une seconde, le doute me saisit. Si mes parents sont ici, pourquoi faut-il qu'il déverrouille la porte ? Peut-être que mes parents ne sont pas encore arrivés ? Cette idée me rassure.

La porte s'ouvre. J'entre. Ce n'est pas très propre. Ça se voit que personne ne vit ici depuis longtemps. Nous traversons l'appartement. Je regarde les pièces et je me change les idées en cherchant mes parents. Malgré tout, je n'arrive plus à étouffer le doute et la peur qui grandissent en moi. François se retourne.

— C'est vrai, j'ai oublié de te dire que ta mère veut que je t'examine avant qu'elle arrive.

Pourquoi ma mère lui aurait-elle demandé ça? Il a beau être médecin, nous ne sommes pas dans un cabinet.

Ça y est. Je sais que ma mère ne viendra pas. Si j'essaie de me sauver, il va me rattraper, c'est certain.

Le tableau est clair : je suis seule, perdue et effrayée.

Il y a une porte au bout du couloir. Derrière, des marches mènent au sous-sol. Je ne suis plus apeurée, je panique. Je suis victime d'un kidnapping. Je m'en rends compte au moment où nous descendons l'escalier instable. François avance dans le noir et tire sur la chaînette de l'ampoule. La pièce semble très grande, mais une seule partie est éclairée.

L'air est humide et froid. Le sol en terre battue est raboteux. Je distingue des tas d'ordures un peu partout : un matelas dont il ne reste que les ressorts, des journaux, des récipients crasseux et plein d'autres choses que je ne reconnais pas. Les murs sont couverts de graffitis.

François ramasse des boîtes de carton appuyées contre le mur. Pendant qu'il les dispose par terre, il me regarde.

— As-tu envie de faire pipi ? me demande-t-il.

— Non.

Tu parles d'une question.

— Parfait. Déshabille-toi.

— Mais…

Il élève la voix.

— Enlève tout.

Si je ne veux pas qu'il me tue, il faut que je l'écoute. Je retire mes vêtements. Il fait encore plus froid.

— Viens. Mets-toi à quatre pattes sur le carton.

Ce n'est pas normal. Je le sais, mais j'obéis.

— Place tes fesses vers moi.

Ce n'est pas un examen, ça. Je me tais, je ne veux pas avoir de problèmes.

Ce qui se passe est mal. Je n'ai pas de mots pour le décrire. Je ne capte qu'une suite d'actions.

Il caresse mes fesses et ma vulve.

Il embrasse mes cuisses.

Ses mains tiennent mes fesses écartées alors qu'il creuse ma vulve de sa langue rude.

Je n'arrive pas à penser. Je veux m'échapper dans ma tête, fuir, mais je n'y arrive pas.

Je ne peux pas disparaître. Me voilà forcée d'attendre que ce soit fini.

Combien de temps s'écoule? Impossible de le savoir. Quand il arrête enfin, je suis soulagée.

Il se relève.

— Rhabille-toi.

Pendant que je remets mes vêtements, il arpente la pièce à la recherche de quelque chose. Que veut-il?

— Ah.

Il se retourne vers moi. Il a un câble électrique dans la main.

Il va m'attacher!

Quand il voit ma réaction, il précise:

— Je dois arranger quelque chose en haut.

Il monte l'escalier branlant, puis il referme la porte.

Vaguement, je perçois le bruit de ses pas. Au bout d'un moment, plus rien.

C'est fini.

Je grimpe les marches et je tourne la poignée. La porte s'ouvre à peine. Je constate qu'il a attaché la poignée avec le câble. J'aurai beau tirer, je n'aurai jamais la force d'ouvrir.

La panique s'empare de moi. Personne ne sait que je suis ici.

Ma mère ne viendra pas.

Je ne retournerai jamais chez moi.

Je m'effondre en larmes. Puis, je crie. Je frappe la porte comme s'il s'agissait de mon agresseur. Mes poings sont douloureux, mais ce n'est rien à côté de l'angoisse qui me serre le cœur. Ma poitrine brûle. Qu'ai-je fait? Je vais mourir. J'aurais dû dire à mes parents que je les aimais.

Ils ne me retrouveront jamais.

Que va-t-il m'arriver?

Au fond de moi, je connais la réponse, mais elle m'effraie tant que je n'ose pas l'exprimer. Ma gorge se serre, comme sous l'emprise d'une puissante main glacée. Je ne respire plus.

Je vois ma famille, mes oncles, tantes, cousins et cousines. Mes amies et leurs parents. Tous réunis devant une pierre tombale, ils pleurent ma mort. Je m'en veux tellement d'avoir suivi cet homme !

Que doit-on ressentir quand on meurt ? Je ne connais personne de mort. Est-ce que ce sera douloureux ? Vais-je souffrir longtemps ?

Je pleure pendant ce qui me semble être des heures. L'épuisement m'empêche de rester éveillée davantage. Je redescends l'escalier et je me couche sur les cartons. Ils sont humides. Ça sent le chien mouillé et l'urine. Je m'endors, à bout de forces.

Lise

Je marche, tourne en rond. Où est Véronique? À cette heure, elle devrait être revenue. Ce n'est pas la première fois qu'elle tarde, mais l'inquiétude se pointe le bout du nez malgré tout. La semaine dernière, Véronique est arrivée quinze minutes plus tard parce qu'elle s'était réfugiée sur la galerie d'un inconnu. Tout ça parce que des amies la menaçaient de «la planter dans la neige». C'était une bonne idée, car les filles ont abandonné. Mais là, on parle de plus d'une demi-heure.

Je n'aurais pas dû lui faire faire une commission ce matin. C'est plus fort que moi. J'ai l'impression qu'à huit ans, on doit commencer à se responsabiliser. Les parents d'Annie sont vraiment plus exigeants que moi. Parfois, l'amie de Véronique doit faire le souper pour sa famille. Quand sa mère m'a dit ça, je me suis sentie mal. J'ai pensé que Véronique manquait peut-être d'autonomie, alors nous avons débuté avec de petites tâches. Et si celle de ce matin l'avait dérangée?

Qu'est-ce qu'elle fabrique?

J'appelle Josée, la propriétaire du magasin de meubles, en bas. Véronique est souvent avec elle.

— Je ne l'ai pas vue, désolée, Lise.

Soudain, je me souviens d'avoir dit à Véronique que personne ne serait à la maison à son retour. Finalement, je me suis débrouillée pour être là, mais elle ne le sait pas.

Il est seize heures. Je perds patience. Je suis fâchée. Mais oui ! L'horaire de l'école !

Je fouille à travers les piles de feuilles sur le frigo. Quand je tombe sur l'horaire, je vérifie la date d'aujourd'hui. Non. Pas de sortie, pas d'événement spécial. C'est anormal qu'elle soit si en retard.

Que fait-elle ?

L'inquiétude me serre le ventre. Il lui est arrivé quelque chose, j'en suis certaine.

Elle est blessée. Une voiture l'a renversée. À moins que les filles de l'autre fois l'aient battue.

Dominique rentre à la maison.

— Véronique n'est pas revenue, l'informé-je.

— Ça t'inquiète ?

— Beaucoup.

— Elle est peut-être chez Annie, tente-t-il.

Je téléphone aussitôt à Rita, la mère d'Annie.

— Est-ce que Véronique est là ?

36

— Annie soupe chez Brigitte. Véronique est peut-être avec elles. J'appelle là-bas.

Déjà, je sens la pression retomber. Le soulagement est tel que je vais me contenter d'expliquer à Véronique la peur qu'elle m'a faite au lieu de la gronder.

Le téléphone sonne. Je décroche.

— Non, m'annonce finalement Rita. Les filles disent que Véronique a suivi un homme.

Pincement au ventre. À moins que ce soit directement au cœur ?

Maîtrise ta voix, Lise, maîtrise ta voix.

— Merci.

Je dépose le combiné. Ça ne se peut pas. Impossible. Pas Véronique. Pas ma grande fille.

— Il faut appeler la police.

Dominique a déjà le téléphone dans les mains.

— Ma fille a été enlevée ! hurle-t-il dans l'appareil. Elle est partie avec un inconnu après l'école et… oui. Oui. Merci.

Il raccroche. Me regarde.

— Ils nous envoient un policier.

Je voudrais me jeter dehors et chercher partout, fouiller toutes les rues de la ville, mais il faut que je reste ici. Je sais comment Véronique était habillée. Je la connais de sa plus petite mèche de cheveux jusqu'au dernier de ses orteils. Je dois être là quand le policier arrivera, parce que je pourrai donner une description très détaillée de ma fille. J'ai cousu ses vêtements et rapiécé son ensemble d'hiver. Impossible d'oublier un seul détail.

— Qui aurait pu faire ça ?

Je lance la question sans attendre une réponse.

— Je ne sais pas, murmure Dominique, pensif. Je rencontre tellement de monde en vendant les produits Amway.

Sans compter sa vie de bar. Les relations publiques font partie de son quotidien. Tellement d'inconnus sont entrés ici. Tellement ont vu notre enfant et lui ont parlé. La moitié du quartier aurait pu l'enlever.

Je me précipite dans notre chambre. J'ouvre la commode et j'en tire aussitôt la photo d'école de Véronique, prise lorsqu'elle avait sept ans. C'est la plus récente que j'aie. Je scrute la photo. Quel détail physique a changé depuis ?

Véronique, si seulement je pouvais faire plus.

Ça ne se peut pas. Pas Véronique.

On cogne à la porte. Mon ventre se tord de nouveau.

Véronique ?

Dominique ouvre. Un journaliste entre. Comment ont-ils eu connaissance de notre situation ? Ils ont certainement des relations avec la police.

— Je travaille pour *The Gazette*, nous explique-t-il. Si vous voulez qu'on trouve votre fille, je vous jure que vous augmentez vos chances en collaborant avec les journaux.

Il est très convaincant. Nous nous assoyons à table. Pendant que Dominique appelle ses parents, je décris au journaliste les vêtements que portait Véronique sur l'heure du midi. Manteau bleu avec un capuchon rouge. Sac à dos en cuir. Tuque en laine bleue. Bottes d'hiver noires.

Je lui tends la photo.

— C'est vraiment une belle petite fille, commente-t-il. Les gens vont la chercher davantage.

Sur cet horrible commentaire, on cogne encore à la porte. Cette fois, c'est un policier. Il pousse aussitôt le journaliste dehors.

— Agent Normand Bélair. Racontez-moi tout.

Je lui parle de l'attente, de ma colère, de mon inquiétude et de ma discussion avec la mère d'Annie. Il prend en note les noms et adresses des amies de Véronique.

— Y a-t-il des gens qui voudraient vous nuire ?

— Pas vraiment, dit Dominique, qui fume cigarette sur cigarette depuis son arrivée.

L'agent montre la porte.

— Vous allez recevoir des appels de tous les médias. Inutile de répondre à chacune de leurs questions. Dites que la police s'occupe du cas. Ne parlez pas d'enlèvement, parce que, si c'en est un, il ne faut pas exciter le kidnappeur dans les journaux.

Au moment de nous quitter, il ajoute :

— Je laisse un policier avec vous au cas où vous recevriez un appel.

— Quel genre d'appel ?

— On en veut peut-être à votre argent.

Notre argent ? Nous n'en avons pas. Comment peut-on enlever une petite fille de ce quartier et s'imaginer que ses parents sont riches ? Il faudrait le dire aux cafards que je chasse de la cuisine en allumant la lumière ! Si nous en avions pour payer une rançon, nous aurions aussi l'argent pour vivre dans un appartement décent.

Dès que Normand Bélair sort, le journaliste met le pied dans la porte.

— Avez-vous écouté *Quincy*, hier soir ? nous questionne-t-il.

Qui n'écoute pas cette émission ? Je fais aussitôt le lien. Dans l'épisode d'hier, une petite fille se faisait kidnapper à la sortie de l'école.

— Ne répondez à aucune de ses questions, madame Rocheleau, recommande le policier resté sur place. Monsieur, sortez d'ici.

Une fois le journaliste parti, nous nous retrouvons dans un étrange silence, meublé seulement par le grésillement de la radio de l'agent qui est demeuré avec nous.

Je voudrais tellement téléphoner à mes parents, mais je ne veux pas gâcher leur nuit. Ils vivent à plus d'une heure de Montréal. Leur impuissance et leur inquiétude les ravageraient s'ils apprenaient que leur grande Véronique, la première petite-fille de la famille, a été enlevée.

C'est impossible. C'est un cauchemar. Jamais ça n'arriverait à ma belle Véronique. Je vais me réveiller bientôt.

Berchmans, un de mes beaux-frères, arrive en trombe dans l'appartement. Il prend Dominique contre lui et le serre comme s'il était en train de le perdre. D'un mouvement lent, il m'attrape aussi. C'est seulement lorsque je me sépare de lui que je constate à quel point je pleure. La chemise de Berchmans est trempée. J'étais coupée de mon corps. En fait, je n'ai pas cessé de pleurer depuis mon appel chez Annie. L'usage de mes jambes est sur le point de m'échapper. Mon beau-frère me prend par les épaules.

— Essaie d'aller dormir, Lise. Faut que tu te reposes. Pour le bébé.

— Facile à dire. Je ne pense pas que Véronique se repose, elle.

Je ne peux pas y croire. Ça ne se peut pas.

Berchmans et Dominique me soutiennent jusqu'à mon lit.

Épuisée, j'arrête de combattre le sommeil, mais je suis saisie de visions atroces. J'imagine des cages, des caveaux humides, des hommes... Mon ventre me fait souffrir.

Je suis éveillée.

Dominique et son frère discutent dans la cuisine. Je jette un œil au réveille-matin. J'ai dormi deux heures. Le bébé m'écrase la vessie. Je me rends à la salle de bain. Un haut-le-cœur me prend par surprise ; ma fille a été enlevée. Ce n'était pas un mauvais rêve. Véronique est disparue. Je l'imagine seule et effrayée, dans un endroit sombre.

Je retourne à mon lit sans pouvoir arrêter de sangloter. Je pose ma tête sur mon oreiller mouillé de larmes et j'essaie de trouver le sommeil de nouveau.

Je passe la nuit à me réveiller, à pleurer et à fuir des images insupportables de ma fille en train de souffrir. Elle m'appelle désespérément, mais je n'y peux rien.

Quand il vient me rejoindre, Dominique se colle contre moi pour pleurer. Son corps est secoué de soubresauts. Nous partageons une douleur innommable.

Seigneur, je ne peux rien faire pour elle. Elle est entre Tes mains.

L'enquête

À 17 h 20, un appel concernant une disparition est fait au poste de police 43 de la CUM[1]. Le dossier est donné à l'enquêteur Michel Moussette, qui dépêche Normand Bélair et un autre policier à l'appartement des parents.

Noms et adresses en main, l'agent Bélair se rend chez Annie, puis chez Brigitte, pour les escorter au poste, où des agents leur présentent des photos de suspects potentiels. Ils les interrogent aussi afin d'établir la situation entourant la disparition de Véronique Rocheleau. Le témoignage des deux jeunes filles est très similaire. Un certain François les a approchées. Il semblait chercher précisément Véronique, mais elle ne le connaissait pas. Ils sont partis ensemble.

Bien que Mario D'Arcy, le responsable des relations publiques de la CUM, parle de disparition aux différents médias qui le contactent, Bélair voit bien que ce cas ressemble de plus en plus à un enlèvement.

Il transmet aussitôt l'information à Moussette. Ce dernier commande un ratissage immédiat du quartier. Jusqu'à la

---

1. La Communauté urbaine de Montréal (CUM) était un regroupement de municipalités de l'Île-de-Montréal qui a été dissous en 2001. Ses fonctions sont maintenant principalement assurées par le Conseil d'agglomération de Montréal et par la Communauté métropolitaine de Montréal (CMM)..

tombée du jour, c'est l'intégralité du corps policier du poste 43 qui parcourt Rosemont à la recherche d'un quelconque indice.

Devant l'absence de résultats, et voyant le temps filer, l'enquêteur fait appel au groupe tactique d'intervention. Bientôt, une soixantaine de policiers patrouillent dans le quartier, et ce, durant toute la nuit.

25 JANVIER 1984

Véronique

Les armoires sont remplies de nourriture, nos meubles, déjà installés, nos vêtements, rangés. Même mon frère est là. Il est dans un petit berceau blanc et sourit à tous ceux qui se penchent sur lui pour le chatouiller. Nous mangeons du poulet avec des légumes au beurre, et ma mère a cuisiné un gâteau pour célébrer notre nouvelle demeure.

La faim tiraille mes entrailles. Pourtant, ce souper me semble anormal. Je ne suis pas avec ma famille. On n'a pas préparé de place pour moi dans cet appartement.

Je me réveille avec amertume. La peur que j'ai abandonnée en m'endormant me rattrape aussitôt. J'avais oublié que j'étais enfermée dans ce sous-sol. Je ferme les yeux de nouveau. Je veux dormir encore. Fuir cette terre battue. Plusieurs fois, je me réveille. Autant de fois, j'arrive à me rendormir. Mon sommeil est peuplé de cauchemars que j'oublie en ouvrant les yeux. Chaque fois, il ne me reste que l'angoisse de ceux-ci. Et la dure réalité.

J'ai froid. Je gèle. Mes vêtements sont humides. Mon ventre est douloureux. Mon corps a faim.

Je donnerais n'importe quoi pour une rôtie au beurre d'arachide.

Je pense à mon frère. Il va naître enfant unique. Il ne connaîtra jamais sa sœur. Que feront mes parents de tous mes jouets ? Ce sont des trucs de fille, il n'en voudra pas.

— Il faut que j'arrête de m'apitoyer, dis-je à mon sac à dos, le témoin muet de ma mésaventure.

Je me lève et commence l'inventaire de tout ce que renferme le sous-sol. Dans la partie éclairée, en tout cas, parce que je ne me sens pas prête à m'enfoncer dans les ténèbres.

Sous l'escalier, il y a de vieux coussins souillés. Je les transporte sur les cartons. Maintenant que j'ai un lit, je conçois un coin pour les toilettes. C'est plutôt urgent. J'organise une salle de bain avec une corbeille et du papier journal. En déplaçant les ordures, je trouve une cruche d'eau. Elle est si sale que je vois à peine à travers, mais je suis assoiffée. J'en prends une bonne gorgée. Ça goûte mauvais. Il y a eu du jus de raisin dans cette cruche, c'est certain. Mes parents achètent parfois des cruches comme celle-là. Je l'apporte près de mon nouveau lit et je calcule mes rations. J'en arrive à la conclusion que je dois me restreindre à en boire un minimum pour en avoir le plus longtemps possible.

Je trouve de la peinture en aérosol. L'endroit est déjà sali par les graffitis, alors je ne m'empêche pas de me défouler. Sur les murs, je crois reconnaître les traits étirés de mes parents. Ils ont de la peine à cause de moi. À cause de moi ! Je saisis une bonbonne et je peins un premier trait. Pour moi. Large, bleu, dégoulinant. Je suis fâchée. J'aurais dû m'écouter. J'aurais dû fuir. Dans l'autobus, il m'aurait suffi de dire aux passagers que François voulait que je le suive. Toutes ces fois, dans la rue, où j'aurais pu me sauver, sauter dans les bras du premier inconnu. N'importe qui m'aurait protégée contre lui.

Je crie de rage. Je tranche le mur d'un coup d'aérosol vert. Il m'a fait attendre dans les marches de son ami. J'avais le temps de disparaître et de trouver quelqu'un pour m'aider. Même ici, devant l'immeuble, pendant qu'il passait par-derrière, j'ai eu plein d'occasions de m'en aller, mais je ne l'ai pas fait. Et je me déteste.

Pourtant, je le hais encore plus. Ce monstre. Ce menteur. François apparaît tout à coup sur le mur. Je le noie aussitôt dans la peinture rouge. Il a triché. Il a utilisé mes rêves pour me piéger. Tout était si réel. Il savait tant de choses. Comment pouvait-il mentir ainsi ?

Je lui lance des bonbonnes vides. Je souhaite le blesser. *Souffre. Meurs!*

La dernière bonbonne que je lance produit un drôle de bruit. En regardant mieux, j'aperçois un creux dans le mur, près du plafond. C'est une fenêtre! Elle est toute petite, et il y a une planche de bois qui la cache.

Vite, je traîne le matelas de ressorts jusqu'au mur et l'appuie dessus pour en faire une échelle. Je grimpe pour mieux analyser la planche. Elle est clouée. Impossible de la retirer. Je descends et je retourne fouiller dans les déchets, où j'ai vu une roche, plus tôt.

Je reviens sur mon échelle de fortune et je frappe à grands coups sur la planche.

Un bruit.

Des voix? Je crie:

— Il y a quelqu'un?

Je hurle à pleins poumons.

— Aidez-moi! À l'aide!

J'imagine une coupe de cristal qui éclate sous la résonance de mes cris. J'imagine un passant sur le trottoir qui ne peut s'empêcher d'entendre les hurlements d'une petite fille enfermée dans l'immeuble devant lui.

— Au secours ! Je suis enfermée dans une cave !

Je continue de frapper la planche pour attirer l'attention, mais je m'épuise vite. J'ai tellement faim. L'énergie me manque. Sans compter que je n'entends rien.

Personne ne vient me chercher.

Cette planche ne bougera jamais.

Je redescends et je fonce vers la porte en haut de l'escalier. Enragée, je la frappe avec violence. Je finis par jeter la pierre. Je tire maintenant de toutes mes forces sur la poignée.

— Tu vas t'arracher, je te le jure !

Impossible. Elle ne bouge pas.

C'est à ce moment que je remarque qu'il n'y a pas de lumière de l'autre côté.

C'est la nuit.

Épuisée. L'idée même de la nuit m'encourage à dormir. J'ai tout donné.

Je m'étends sur mon lit de coussins mouillés et malodorants. Je place mon sac d'école près de moi. Avec ses attaches dorées, il semble avoir deux yeux. Il a un gentil regard qui m'apaise brièvement.

Lise

Au lever du jour, je fais l'effort de rester éveillée. Ce matin, j'ai un rendez-vous chez le médecin. J'accouche bientôt, il faut surveiller l'évolution du bébé chaque semaine. Hier, une douleur sourde est née dans mon ventre. Cette consultation prend donc une importance supplémentaire.

Dès que je sors de la chambre, le téléphone sonne. C'est mon père. Sa voix tremble. Sanglote-t-il?

— Est-ce que c'est vrai, ce qu'ils disent aux nouvelles?

J'inspire profondément. *Contrôle-toi.*

— Oui, papa. Excuse-moi, je ne voulais pas vous réveiller en pleine nuit...

— Veux-tu qu'on vienne?

Oui, s'il te plaît, j'ai tellement besoin de vous!

— Ça ne changera rien, papa. Fais ce que tu veux.

Pourquoi ai-je répondu cela? J'aurais dû être sincère, montrer que je suis incapable de surmonter une telle horreur. Mais je suis sa grande fille, l'aînée, je dois faire preuve d'une force exemplaire.

— J'ai un rendez-vous chez le médecin. Faut que je me prépare.

— Véronique est débrouillarde, Lise. Elle va s'en sortir, m'assure-t-il.

Assise dans la salle d'attente, j'assiste avec impuissance au journal télévisé. C'est insupportable. Je retiens à peine mes larmes. Je m'approche de la secrétaire. Je n'arrive pas à croire ce que je vais dire.

— S'il vous plaît, est-ce possible d'attendre ailleurs ? Ma fille vient d'être enlevée et…

— Oh, oui ! Entrez dans la « C ».

Elle sympathise, mais je ne l'entends pas. Je me précipite dans la salle d'observation pour pleurer.

Véronique, sois forte ! N'abandonne pas ! Tu es débrouillarde et tellement intelligente. Je sais que tu peux y arriver.

Je n'arrive plus à me le cacher. Je suis persuadée que ce n'est pas pour l'argent que cet homme a enlevé ma fille. Ça me déchire les entrailles. Il l'a emmenée pour l'agresser.

Le médecin me fait passer à son cabinet. Il me pose quelques questions de routine, puis parle sans prendre conscience du sens que ses mots pourraient avoir pour moi.

— Enlevez votre pantalon et vos petites culottes, s'il vous plaît. Montez sur la table d'examen.

J'obéis, les dents serrées.

— Écartez bien vos cuisses.

Sa main gantée touche ma vulve. Son majeur et son index glissent en moi. Je sens le grattement au creux de mon corps.

Est-ce que c'est ça? Est-ce qu'il te touche?

Je ne retiens pas mes larmes. Véronique. J'ai peine à y croire.

Le médecin retire ses doigts.

— Vous risquez d'accoucher d'un jour à l'autre.

— Quoi?! Mais c'est impossible! Ma fille a été enlevée. Je ne peux pas accoucher tout de suite. Faites quelque chose, je vous en supplie!

Il ne sourcille même pas à la mention de Véronique. Il sait. Comme tout le monde au Québec, il a vu les nouvelles.

Il inspire profondément en se frottant les sourcils du pouce et de l'index.

— Bon, je vous prescris des calmants, mais allez-y doucement. Ne faites pas de ménage, ne soulevez pas d'objets lourds, évitez les mouvements brusques et le stress.

Autrement dit : ne vous en faites pas pour l'enlèvement de votre fille et, si vous la retrouvez, ne la prenez pas dans vos bras. Ça mérite une médaille, un conseil comme celui-là.

Après un saut à la pharmacie, je rentre chez moi en vitesse. Je ne peux m'empêcher d'imaginer ma fille de retour à la maison, saine et sauve. Je la collerais contre moi, la câlinerais et l'embrasserais toute la journée. Les explications iraient à plus tard. À ce moment, je me contenterais de lui donner tout l'amour du monde.

À l'appartement, c'est plutôt mon père et ma mère que je trouve. Eux aussi, ils veulent enlacer leur fille. Ils me font sangloter de nouveau. Où est-ce que je puise toutes ces larmes ? Sûrement pas dans ce que je bois. Je n'ai ni bu ni mangé depuis hier midi. Alors que mes parents me réconfortent, je constate que je ne peux pas consoler ma fille. J'aimerais lui dire que tout va bien aller, la serrer contre moi pour la réchauffer et repousser ses peurs. Mes larmes ne veulent pas cesser.

Je me réfugie dans la salle de bain, me fixe dans la glace. Je n'imposerai pas ça à ma famille. *Sois forte, Lise. Transmets cette force à ta fille.* Désormais, je ne pleurerai plus dans la cuisine. Mes larmes, c'est ici que je viendrai les verser, seule face au reflet de la mère qui a abandonné sa fille.

Je passe la journée à « me reposer ». De temps à autre, je dors une heure. Je me réveille en sueur quand le téléphone sonne. Ce sont des journalistes à qui Dominique explique que la police s'occupe de tout. Chaque fois, je me remets à penser à ma fille disparue et je me réfugie dans la salle de bain.

Nous devons la retrouver.

Des techniciens de la police installent un enregistreur sur le téléphone. Il démarre dès qu'on décroche.

En après-midi, ma mère me rejoint près du bain, où je me suis écroulée pour pleurer.

— Ton père est parti faire un tour avec Dominique. On sait jamais.

— C'est Montréal, maman, pas Sainte-Jeanne-d'Arc. Penses-tu vraiment qu'ils peuvent la retrouver en se promenant dans les rues en *pick-up*?

Inébranlable, ma mère continue:

— Viens me montrer ce que t'as préparé pour le bébé, ça va te changer les idées.

Pourquoi pas? L'espace d'un instant, je ne serai plus une mère à qui on a enlevé un enfant; je serai celle qui en attend un. Je montre la chambre des enfants à ma mère. J'ai peint Dumbo l'éléphant sur un des murs, juste au-dessus du berceau. Tout est prêt, il ne manque que le bébé.

Dans ma chambre, près de la machine à coudre, il y a les petites camisoles et les pyjamas que j'ai cousus pour notre futur enfant. J'ai aussi confectionné un lot de couches lavables. Je montre également la courtepointe sur laquelle j'ai travaillé cette semaine.

Dominique revient avec mon père. Ma sœur Sylvie, qui a partagé la chambre de Véronique jusqu'à récemment, passe plusieurs fois dans la journée pour prendre des nouvelles et nous réconforter. Le reste du temps, elle repousse les journalistes qui bloquent l'entrée de l'appartement. Pour ne pas occuper la ligne, elle sort téléphoner chez la voisine pour communiquer les développements au reste de la famille.

Chantale, une des sœurs de Dominique, nous visite aussi. Elle passe la journée à nos côtés.

— Le dossier avance, nous informe le policier en poste chez nous. Nous avons appris que Véronique et son kidnappeur ont pris l'autobus. Ils seraient descendus dans Mont-Royal.

— Je vais transmettre l'info à mes amis, s'empresse de dire Chantale. Mon beau-père a un *CB*, il va utiliser les bandes radio publiques pour faire circuler le message.

Plus tard, c'est Gaëtane, une autre des sœurs de Dominique, qui nous rejoint.

— Je dois vous parler de mon rêve, nous annonce-t-elle dès qu'elle entre.

Gaëtane a souvent des visions.

Une fois assise, elle commence.

— Je suis une petite fille. Un homme m'accompagne. Je ne veux pas qu'il me touche.

Secrètement, j'espère qu'elle n'entrera pas dans les détails.

— Je suis dans une pièce où il y a une fenêtre. De l'autre côté, j'aperçois des gens. Je crie, j'appelle à l'aide et j'essaie de casser la vitre, mais ils ne m'entendent pas, et la fenêtre est trop solide.

— Qu'est-ce que ça veut dire ? lui demande Dominique.

Gaëtane empoigne nos mains.

— Ça veut dire qu'elle est en vie.

Je prie que ce soit vrai. Pour l'instant, l'épuisement me pousse à me reposer.

Si seulement tout ça n'était qu'un cauchemar… Même si elle est réelle, cette situation me semble si anormale que je ne peux m'empêcher de la trouver surréaliste.

Je ne veux pas y croire. Chaque fois que j'ouvre les yeux, je me retrouve dans un mauvais rêve où je refuse de vivre. Puis, je constate que c'est la vraie vie. Alors, je m'enfonce la tête dans l'oreiller, ou dans une serviette de bain, et je crie de toutes mes forces pour assourdir la tourmente.

De la chambre, j'entends mon mari expliquer une de ses idées qui le rendent unique.

— Faudrait aller poser des affiches dans toute la ville.

Mon père tente de le raisonner.

— Dominique, tu penses vraiment faire ça ?

— Au moins, je pourrais aller cogner à toutes les portes du quartier. Véronique est peut-être pas loin.

— Personne ne va te laisser entrer pour le questionner ou fouiller son appartement, voyons ! souligne mon père.

Dominique continue de se creuser la tête pendant que je cherche le sommeil. Je prends deux des calmants prescrits par le médecin.

Papa, maman, restez encore. Votre présence me rassure. Seigneur, fais qu'ils soient toujours là demain matin, que rien ne se soit passé, que ce soit un mauvais rêve.

Demain matin, Véronique me réveillera avec le volume trop élevé des dessins animés. Le bruit du grille-pain, la cuiller dans le bol de céréales.

Mon cœur se serre et j'étouffe à la seule idée de prononcer ton nom à voix haute.

Véronique.

L'enquête

En matinée, les interrogatoires commencent. D'un côté, Normand Bélair convoque, un à la fois, les membres de la famille résidant à proximité de Montréal. Tous passent un interrogatoire complet, et leur alibi est vérifié. La première étape dans un enlèvement est d'éliminer la famille de la victime de la liste des suspects. Michel Moussette, de son côté, convoque Annie Charbonneau, l'amie de Véronique, afin de recueillir son témoignage complet ainsi qu'une description du kidnappeur. Il fait la même chose avec Brigitte. Comme leurs souvenirs manquent de clarté, les fillettes passent plus d'une heure et demie sous hypnose. Et leurs parents endurent les crises de larmes de leur fille à condition que les noms et photos d'Annie et de Brigitte ne se retrouvent pas dans les médias.

Les recoupements entre les deux témoignages fournissent une description sommaire de l'homme. Le dénommé François serait blond, mesurerait environ six pieds, aurait entre vingt et vingt-cinq ans, et aurait porté au moment de l'événement un manteau noir et un jean.

Mario D'Arcy, responsable des relations publiques de la CUM, transfère l'information aux médias, mais spécifie malgré tout qu'il est difficile pour des enfants de faire une description précise de la taille et de l'âge d'un adulte. Les gens doivent donc garder l'œil ouvert.

À l'école Madeleine-de-Verchères, l'événement crée une onde de choc impressionnante. S'ils tentent d'apaiser les élèves en les rassurant, les membres de la direction et les professeurs laissent tomber leur masque dès qu'ils entrent dans la salle des professeurs, où ils s'avouent tous crever de peur.

Sur l'heure du dîner, les policiers qui patrouillent dans le quartier sont harcelés de questions par les élèves. Ceux-ci vont même jusqu'à montrer des hommes du doigt en s'écriant qu'ils sont les kidnappeurs.

Des agents du Bureau des enquêtes criminelles s'ajoutent au nombre des policiers afin d'interroger des individus ayant déjà été impliqués dans des enlèvements, des séquestrations ou des délits sexuels, certains noms étant même fournis par des prisonniers soucieux du bien de la fillette.

On rassemble les effectifs des postes 31, 34, 42, 43, 44 et 51, soit une centaine de policiers, afin d'effectuer un deuxième ratissage. La zone est limitée par le boulevard Métropolitain, l'avenue Laurier, la rue Saint-Hubert et la 10ᵉ Avenue. Même s'ils sont en pleine ville, les policiers agissent comme s'ils parcouraient une forêt. Ils fouillent les sacs à ordures, les poubelles, les chaufferies des immeubles résidentiels et les automobiles abandonnées. Ils pénètrent aussi dans les logements, sous-sols, garages, et n'oublient pas d'arpenter les fonds de cours, les hangars et les abords de voies ferrées.

Ce faisant, ils profitent de l'occasion pour distribuer le portrait-robot du kidnappeur, principalement dans les dépanneurs et les stations de taxi.

Bientôt, une partie de l'équipe est affectée à la vérification des informations obtenues par téléphone et ondes radio. Dans les prochaines heures, ils suivront plus de deux cents pistes, l'une d'elles leur permettant de découvrir que Véronique et son kidnappeur ont pris l'autobus.

Pourtant, au petit matin, alors que bon nombre de policiers rentrent chez eux, épuisés par les recherches, il n'y a toujours aucune trace de Véronique. Qu'à cela ne tienne, ils redoubleront d'efforts dès le lever du jour.

26 JANVIER 1984

Véronique

Je rêve du parc La Fontaine. Un homme s'approche et me confie que je suis très jolie. Il m'offre des bonbons, et je les accepte avec plaisir. C'est gentil de sa part. Je le remercie. Ma tante Sylvie m'appelle tout en marchant vers moi. L'homme me salue et continue sa promenade.

— Qu'est-ce qu'il t'a dit ? m'interroge ma tante, le visage étrangement crispé.

— Que je suis belle. Regarde, il m'a donné des bonbons.

Les yeux de Sylvie sont exorbités. Elle va se fâcher.

— Véronique, ne parle jamais aux étrangers ! S'ils t'offrent des bonbons, tu les refuses !

Je ne comprends pas sa réaction. Elle est extrême. Après tout, il était très gentil, cet homme.

Maintenant, je sais pourquoi elle a réagi comme ça. Je regrette d'avoir suivi François. Que va-t-elle penser quand elle apprendra que je n'ai pas écouté son conseil? J'espère qu'elle ne sera pas trop déçue. Elle regardera mon cercueil et dira: «Je suis désolée, mais je t'avais avertie.»

Éveillée pour de bon, je monte l'escalier pour vérifier s'il fait jour, mais c'est encore la nuit. À moins que ce soit *déjà* la nuit? Depuis combien de temps suis-je ici? Je dois attendre la mort, mais elle prend trop son temps à mon goût.

Je me souviens des chicanes. Toutes les fois où mes parents se sont disputés. Celles où ils m'ont grondée. Dans un cas comme dans l'autre, je me réfugiais dans ma chambre pour pleurer. Pleurer et prier. Je priais Dieu qu'il m'ôte la vie. Combien de fois l'ai-je fait? Souvent. Peut-être suffisamment pour être punie. Je mérite mon enlèvement. Je l'ai souhaité. J'ai prié Dieu de m'enlever de cette famille. Il m'a exaucée.

Pense à autre chose.

La partie sombre du sous-sol m'effraie moins. Je m'assois avec mon sac d'école et je lui explique, très sérieusement, ce que j'ai en tête.

— Même si je ne vois rien, je crois être capable de l'explorer.

Je prends une grande gorgée d'eau sale et je m'aventure dans l'obscurité.

J'avance à quatre pattes dans le noir. La première chose que je touche, c'est un soulier, puis un deuxième. Et encore un autre. Il y a une tonne de chaussures. Chaque fois que j'en trouve une, je la lance vers mon sac, resté près du lit.

Soudain, alors que je mets les mains sur une tirelire brisée, je sens un courant d'air sur mon visage. Malgré l'absence de lumière, je distingue un léger espace entre deux murs. Est-ce un passage vers un autre appartement? La seule idée de m'enfoncer dans un aussi petit espace me donne des sueurs froides.

Je retourne plutôt près de mon sac. J'aligne les chaussures par paires. L'espace d'un instant, je ne suis plus une petite fille de huit ans, agressée et séquestrée. En rangeant ces souliers, je suis une petite fille ordinaire qui joue dans un sous-sol malpropre avec son sac d'école.

Je ne sais plus quoi faire. Je tourne en rond. Je fixe les ombres. J'ai l'impression de voir le passage où j'ai senti le courant d'air. Je ne peux pas m'empêcher d'imaginer ce qu'il y a de l'autre côté. Une sortie. Une grande porte blanche qui donne directement sur la rue.

— Je dois y aller, expliqué-je à mon sac d'école. Il faut que je sache si je peux sortir par là.

Décidée, je m'aventure dans l'ombre jusqu'à l'entrée du passage. C'est étroit. Je dois me faire toute petite pour m'y faufiler. Mes genoux cognent contre le mur de béton. Je crois que je suis blessée.

Lorsque j'atteins l'autre côté, je suis soulagée. En plus d'être humide, froid et puant, ce sous-sol baigne dans un noir d'encre. Je reste immobile en espérant que mes yeux s'habitueront à la noirceur. Au bout d'un moment, je reconnais les silhouettes de plusieurs cuvettes. Un entrepôt de toilettes ? Cette vision me donne un frisson dans le dos. Ce sont autant de monstres blancs que je ne me sens pas la force d'affronter. Je suis venue ici pour rien. La fatigue endolorit mon corps. J'ai besoin de repos.

Je connais mieux le passage, alors je m'y glisse sans trop d'égratignures.

De retour sur mon lit de fortune, je me colle contre mon sac à dos et m'assoupis en un clin d'œil.

Lise

Ma mère passe la nuit avec moi. Les calmants ne font pas effet. Je n'en avale pas d'autres. Mieux vaut ne pas prendre de risques avec le bébé. J'ouvre les yeux toutes les heures. Chaque fois, ma mère se réveille, et je me réfugie à la salle de bain pour qu'elle ne me voie pas souffrir. Une fois seule, je pleure.

Pas question que tout le monde me regarde pleurer en permanence. Je suis forte. Si je m'effondre devant lui, Dominique croira que j'ai perdu l'espoir de la retrouver. J'aimerais que tous continuent de croire que c'est possible. Je leur donne l'impression que tout ira bien.

Mais je doute.

L'été dernier, une petite fille nommée Mélanie Decamps a été portée disparue à Drummondville. Douze jours plus tard, on l'a retrouvée morte, nue et attachée à un arbre. Elle portait les marques visibles d'une forte agression. Sans l'avoir vue, j'ai pourtant en tête l'image claire d'un petit corps pâle retenu par les poignets et zébré de coups de couteau. Si la police laisse tomber, que ferai-je ? Je n'aurai pas la force d'ordonner qu'on continue les recherches.

Les policiers cherchent ma fille, je le sais, mais en font-ils assez ? Pour l'instant, beaucoup sont mobilisés, mais combien de temps cela durera-t-il ? Combien de policiers chercheront encore Véronique dans une semaine? La réponse à cette question me terrifie.

Chaque minute, la même réflexion. *Seigneur, je Te confie ma fille. Tu es le seul qui puisse l'aider.*

Rien de cela ne paraît dans mon visage quand je ne suis pas dans la salle de bain. Du moins, je le souhaite.

Mon père revient du dépanneur avec le journal. Il y a sur la première page un portrait-robot dessiné à partir des détails fournis par les amies de Véronique. Dans l'article, le journaliste critique le fait que Véronique n'était pas accompagnée par ses parents sur le chemin de l'école. Évidemment, il oublie de spécifier que nous habitons à quatre coins de rue de là, et qu'elle n'est jamais seule. Ses amies marchent tous les jours avec elle. Mais le pire, c'est que le journal parle de maniaque sexuel…

Je me convaincs de déjeuner. Mon bébé a besoin que je me nourrisse. Ensuite, je me douche. L'eau fraîche me revigore un peu.

Entre les dizaines d'appels que nous recevons de toute la famille et d'une tonne de gens qui prient pour nous, j'essaie d'écouter la télévision. Instinctivement, j'ai l'impression que seul le bulletin de nouvelles saura me tenir au courant du rythme où vont les choses. Surtout maintenant que je sais à quel point les journaux se moquent des victimes.

À la télévision, on parle à peine de l'enlèvement. Rien de nouveau.

Je regagne mon lit pour tenter de m'y reposer un peu. La peur d'espérer pour rien me déchire les tripes.

En après-midi, après quelques essais ratés de dormir, je m'enferme dans la salle de bain pour pleurer. Il n'y a plus rien à faire. Véronique a été enlevée mardi. Nous sommes jeudi. Aucune nouvelle, pas même un indice, n'est venue nous rassurer.

Dominique frappe à la porte.

— Le curé est là. Il veut nous parler.

Il souhaite probablement nous offrir son appui spirituel, mais je ne me sens plus l'énergie d'affronter les visiteurs. Je rassemble mes forces, puis je sors.

— Nous avons déposé le nom de Véronique sur la tombe de Marguerite Bourgeoys afin qu'elle apporte courage et détermination à votre fille, nous annonce-t-il dès que j'entre dans la cuisine. Et nous prions pour vous.

On frappe à la porte. Décidément.

À peine Dominique l'ouvre-t-elle que j'aperçois l'agent Normand Bélair qui se trouve derrière. Un instant, plus rien n'existe que cet homme au visage fermé. *Ne me dites pas qu'il est trop tard!*

— Claude Poirier a reçu un appel concernant l'enlèvement de votre fille. L'homme qui prétend être le ravisseur veut négocier seulement si vous êtes à l'émission de monsieur Poirier.

L'espoir, le grand espoir, renaît en moi. Véronique est en vie! Ma fille, ma belle grande fille va revenir!

— Nous vous suivons, déclare Dominique en attrapant son manteau et ses clés.

Le policier hésite.

— Vous feriez mieux de monter avec moi…

— Pourquoi?

— Disons que la rue est bouchée par tous les journalistes de la ville.

Aussitôt, Dominique et moi nous retrouvons dans la rue, protégés par le policier et presque attaqués par les journalistes en furie, qui veulent savoir où nous allons. Nous montons rapidement dans la voiture de police, et l'agent Bélair fonce, pied au plancher, jusqu'à la station CKVL, où nous attend Claude Poirier, le négociateur.

En route, j'essaie de deviner ce que veut le kidnappeur. Que cherche-t-il comme échange? Je suis prête à lui donner tout ce que j'ai, mais j'ignore si c'est suffisant. L'important, c'est d'apprendre où elle se trouve. *Rendez-moi ma fille!*

À la station, on nous présente à Claude Poirier et on nous assoit devant les microphones. La pièce déborde de journalistes.

— Tout va bien aller, nous rassure monsieur Poirier. On va travailler fort pour convaincre l'individu de nous donner des informations.

Il ouvre son microphone et annonce :

— Un homme m'a téléphoné tantôt en me disant qu'il avait des informations concernant la petite Véronique Rocheleau. Comme il l'a demandé hors des ondes, j'ai fait venir les parents de la jeune fille, et ils sont dans le studio avec moi. Monsieur, respectez l'entente et appelez-nous.

Silence. Probablement que tout le monde qui écoute CKVL retient son souffle avec nous. Quand le téléphone sonne enfin, Claude Poirier décroche.

La communication coupe.

— Monsieur, rappelez tout de suite, ordonne-t-il. Nous n'avons pas pu prendre l'appel.

Nouveau silence.

Nouvelle sonnerie. Quand l'animateur répond, l'homme au bout du fil s'adresse aussitôt à Dominique :

— Je veux que personne s'en mêle. Je veux m'arranger avec toi.

— OK, répond Dominique, mais qu'est-ce que tu cherches ?

La communication coupe de nouveau. Je me mets à hurler :

— Qu'est-ce qui se passe ? Pourquoi ça coupe ?

Claude Poirier indique à son technicien d'essayer quelque chose, mais rien n'y fait. *À moins que ce soit l'homme qui raccroche par peur qu'on retrouve sa trace ?*

— Monsieur, reprend-il, la communication a été rompue. Appelez-nous encore une fois.

Le temps est long, comme ça, alors que je suis figée près d'un téléphone branché sur un gros microphone radiophonique. Je m'imagine le kidnappeur en train de maltraiter Véronique. *Retiens tes larmes. Les journalistes veulent voir ta force.*

Ça sonne encore. Claude Poirier répond.

— Je veux parler à ma fille ! lance aussitôt Dominique.

— Pas question de ça, réplique l'homme. Retourne chez toi. Laisse-moi ton numéro de téléphone. Je vais t'appeler là-bas. Je veux que personne s'en mêle.

— Prouve-moi au moins qu'elle est avec toi. Dis-moi de quelle couleur sont ses collants.

L'homme raccroche.

Quoi ?! Ma fille ! Rends-moi ma fille !

L'agent Normand Bélair reçoit un signal sur sa radio. Il s'excuse et sort de la pièce.

Sans le grésillement de l'appareil, le silence est encore plus lourd. Mes mains moites serrent celles de mon mari.

J'imagine déjà l'air dépité du policier qui nous annonce qu'on vient de trouver Véronique, morte près d'un téléphone public.

Après une minute qui m'a semblé être une heure, l'agent Bélair revient dans le studio. Son visage est tordu par une expression que je n'arrive pas à comprendre.

Il pleure.

L'enquête

Au lever du jour, le périmètre de recherche est étendu. Pour appuyer le travail des six postes de police déjà sur le terrain, la SQ utilise exceptionnellement un hélicoptère, afin de survoler le secteur, à la recherche de pistes que les agents au sol auraient pu manquer.

En plus du portrait-robot du dénommé François, maintenant rendu public dans tous les journaux, le responsable des relations publiques de la CUM, Mario D'Arcy, lance un message radiophonique pour demander l'aide de tous. Il encourage le public à ouvrir l'œil, mais aussi à inspecter sa propre cour, son hangar, ainsi que tout endroit susceptible de servir à un criminel voulant se débarrasser de preuves incriminantes.

Véronique

Mon sommeil m'a énergisée. Mes rêves m'ont transmis la force de tenter ma chance de nouveau de l'autre côté du mur. Je bois un peu d'eau et je fonce vers l'obscurité. Déjà, je remarque que l'autre pièce est faiblement éclairée. Je me hâte davantage. À ma grande surprise, il y a une fenêtre. Il fait jour! Les rayons du soleil éclairent le sous-sol. Il m'est impossible d'atteindre la fenêtre, mais je trouve rapidement une pierre, que je lance avec force contre le verre.

Dès que la pierre la touche, la fenêtre éclate en morceaux.

— Au secours! À l'aide! Je suis prisonnière dans une cave!

Je hurle durant ce qui me paraît des heures, mais personne ne vient. Je n'entends même pas un son. Rien. Peine perdue.

Maintenant qu'elles sont éclairées par le jour, les cuvettes m'effraient beaucoup moins. Je me faufile entre elles, à la recherche de quelque chose de nouveau.

À ce moment, je découvre un escalier.

Un vieil escalier impossible à escalader tant il lui manque des marches.

Mais, en haut, il y a une trappe.

Et cette trappe, c'est mon espoir de survie.

Je dois retrouver ma mère!

Comment monter? Je cherche nerveusement un objet qui pourrait m'aider. Il y a tellement de déchets que j'arrive à peine à voir quoi que ce soit. Finalement, l'évidence me saute aux yeux. Collée à l'escalier, il y a une étagère dans laquelle l'ancien propriétaire a abandonné des pots de clous rouillés et d'autres petits morceaux de ferraille.

Je grimpe les premières marches, j'inspire profondément, puis je défonce de toutes mes forces les portes qui m'empêchent d'utiliser les tablettes comme marchepied. Mon échelle de fortune me suffit, et je réussis à me hisser au haut de l'escalier. Je me retrouve sous la trappe. Je perçois la lumière de l'autre côté! Dans l'excitation, je lève le panneau; il est bloqué!

La panique monte en moi, mais je la refuse aussitôt.

Du calme. Réfléchis, Véronique. Ton frère ne peut pas être enfant unique. Tu ne peux pas mourir sans t'excuser auprès de tout le monde d'avoir été décevante.

J'essuie les larmes qui ont coulé sur mes joues, puis j'observe attentivement la trappe.

Il y a un tout petit trou. Il doit y avoir un loquet de l'autre côté.

En glissant mon doigt dans le mince espace, j'arrive à pousser le verrou.

Clic!

Mon épaule, à peine appuyée dessus, soulève le panneau comme s'il ne pesait rien.

La pièce où je me retrouve est illuminée de soleil! L'air frais me revigore.

Qu'est-ce que j'attends? Je fonce dans l'appartement et je trouve très vite la porte d'entrée. Je tourne la poignée et me propulse à l'extérieur.

Le vent me frigorifie. Je suis prise de sanglots qui me font trembler. J'ai réussi! Je ne suis pas morte! Je vais retrouver toute ma famille! Durant ce bref instant, j'oublie l'horreur de ce que j'ai vécu. Je suis si heureuse d'être en vie!

Je décide toutefois de redescendre au sous-sol et me glisse de nouveau dans le passage. Il faut que je rapporte mon sac à dos. Je ne veux pas donner une raison à mes parents de me chicaner.

— Sac d'école, lui dis-je en l'attrapant, viens-t'en, j'ai trouvé une sortie.

Lorsque je fais le chemin inverse, je crains un instant que François ne soit revenu et n'ait verrouillé les portes. Peut-être qu'il n'en a pas fini avec moi?

Je redouble d'efforts et j'atteins la sortie sans que personne m'arrête. À chaque instant, j'ai peur que François apparaisse dans le sous-sol et me saisisse par les chevilles pour me tirer en bas.

Dehors. Mes bottes sales s'enfoncent dans la neige. Mes vêtements usés sont couverts de terre. Je suis affamée et j'ai froid, mais je pourrais courir si la neige ne m'en empêchait pas. Très vite, j'aperçois une femme dans la rue.

— Madame! J'ai été kidnappée! Je me suis sauvée!

Elle est muette de surprise. Elle ne s'attendait pas à cette déclaration. Elle se rue alors vers moi et me prend dans ses bras. Sa chaleur irradie jusqu'au centre de mon corps. Je ne suis plus seule. Je ne mourrai pas. Je laisse aller mes larmes, d'une nouvelle sorte celles-là. Le soulagement est innommable. Tout ce temps, dans le sous-sol, j'aurais voulu qu'on me prenne exactement comme ça, qu'on me rassure de cette façon.

Maman, j'arrive bientôt.

— Pauvre chouette, murmure la dame. Comment te nommes-tu?

— Véronique Rocheleau.

— Oh mon Dieu!

Elle me serre encore plus fort.

— Ça va aller, c'est fini.

Elle se relève.

— Viens au dépanneur avec moi, on va appeler la police.

Elle tient très fort ma main, comme si elle avait peur que je me sauve. Si elle savait…

— Pas besoin d'appeler la police, madame, je connais mon adresse et mon numéro de téléphone. Je veux rentrer chez moi. Mes parents doivent s'inquiéter.

Cette réplique lui tire un sourire attendri.

Quand nous entrons au dépanneur, la première chose que je vois, c'est une photo de moi sur tous les journaux.

— Eille, c'est moi !

Comme c'est amusant.

La dame qui m'accompagne demande à utiliser le téléphone pour appeler la police. Moi, je n'ai d'yeux que pour l'étalage de sacs de croustilles…

— Ils s'en viennent, conclut la dame en raccrochant.

Au moment où elle voit mon regard, elle se penche vers moi.

— Ma pauvre, tu dois mourir de faim. Je n'ai pas beaucoup d'argent, mais prends-toi quelque chose à manger.

À leur arrivée, les policiers sont surpris de trouver non pas une petite fille traumatisée, mais plutôt une petite fille souriante en train de dévorer un sac de croustilles.

— Merci de me ramener chez moi, dis-je au policier qui m'assoit sur ses genoux pendant que les journalistes me posent plein de questions et me prennent en photo.

— Non, ma petite. Nous allons à l'hôpital Sainte-Justine.

— Mais je veux voir mes parents !

— Tu les verras là-bas. Nous n'avons pas le choix, c'est la procédure.

Je vais voir mes parents. Les policiers me protègent. Rien ne peut plus m'arriver. Je savoure mes croustilles et souris aux photographes.

Lise

— Nous l'avons retrouvée ! s'écrie l'agent Bélair. Votre fille est en vie !

En un clin d'œil, je suis dans les bras de Dominique et je le serre si fort contre moi que j'en souffre. Je crie tant je pleure. Il y a si longtemps que j'ai pris mon mari dans mes bras de cette façon.

Mon Dieu, elle est vivante.

J'ai soudain une incroyable montée d'adrénaline. La grandeur de ma joie me procure une énergie renouvelée. L'agent Bélair nous sourit, essuyant ses larmes du revers de sa manche.

— Aimeriez-vous que je vous accompagne à l'hôpital ? Ça ira plus vite que d'aller récupérer votre auto chez vous.

Toujours mal à l'aise à l'idée d'affronter tous les médias qui parasitent notre rue, j'accepte sur-le-champ.

L'hôpital est assiégé par les journalistes. Au moment où ils aperçoivent la voiture de police, ils se ruent vers nous et pointent caméras et appareils photo dans notre direction. L'agent Bélair n'est pas impressionné.

— Je vais vous faire passer par l'arrière. Ils n'ont pas accès à cette porte-là.

Dès que nous entrons, on nous emmène à la salle d'observation où Véronique se repose.

Enfin, je vais revoir ma fille !

L'enquête

Le matin du 26 janvier, comme tous ceux qui regardent les nouvelles, Aurora De Barros en apprend davantage sur la disparition de Véronique Rocheleau. En voyant la photo de la petite fille, elle prie pour elle. «Mon Dieu, j'aimerais tant la retrouver et la ramener à ses parents.»

Aurora De Barros a aussi des enfants. Elle leur cache cette nouvelle horrible alors qu'elle les mène à l'école. Puis, elle prend le chemin de la manufacture de vêtements pour hommes où elle travaille.

13 h 30. Un individu téléphone à la station de radio CKVL. Il dit à la secrétaire être le ravisseur de Véronique. Il refuse d'être mis en attente. Il rappellera plus tard.

La secrétaire informe Claude Poirier de la brève conversation qu'elle vient d'avoir. Elle l'avise qu'elle lui acheminera l'appel si l'homme téléphone de nouveau.

13 h 35. L'individu rappelle, mais raccroche aussitôt que l'animateur décroche.

14 h. Premier échange de Poirier avec l'homme. Toujours bref, ce dernier exige que le père se présente à CKVL afin de parler directement avec lui.

14 h 15. Claude Poirier informe le sergent-détective Locas du poste 43 de la demande de l'individu.

14 h 30. L'inconnu en remet. Il trouve que c'est trop long. Il précise qu'il pourrait arriver quelque chose à la petite fille.

14 h 35. L'animateur fait part de cette menace aux policiers du poste 43.

14 h 40. Claude Poirier s'adresse en ondes au prétendu ravisseur. Il l'invite à rester calme. Il l'informe que sa demande a été transmise aux policiers et à la famille Rocheleau.

14 h 45. Les policiers confirment à l'animateur que les parents de Véronique sont en route pour la station de radio.

15 h. Claude Poirier entre en ondes et transmet la nouvelle.

15 h 30. Les médias remplissent le studio avant même que Dominique et Lise Rocheleau n'y pénètrent. L'animateur annonce que les parents sont présents.

Au retour de l'école, alors qu'elle prépare le repas, Aurora De Barros doit quitter son appartement en face du parc Sir-Wilfrid-Laurier pour aller acheter un pain au dépanneur. En revenant, elle attend le feu vert pour traverser la rue lorsqu'elle entend une porte claquer violemment. Elle tourne la tête en direction du bruit et aperçoit une petite enfant aux vêtements si sales qu'elle est méconnaissable.

16 h 40. Véronique est retrouvée devant le 780, avenue Laurier Est. En moins de cinq minutes, la police et les médias se rassemblent devant le petit dépanneur où elle s'est réfugiée.

16 h 45. La police confirme l'évasion de Véronique à l'agent Bélair, qui en informe aussitôt les parents.

Lise et Dominique prennent la direction de Sainte-Justine. Pendant ce temps, les policiers circulent dans le quartier avec Véronique. Ils tentent de retracer le chemin qu'elle a emprunté avec François avant sa séquestration, mais la mémoire ne lui revient pas. Parallèlement, une autre équipe escorte la femme qui a secouru Véronique au poste de police, afin de procéder à son interrogatoire.

Véronique

J'espère que papa et maman ne m'en voudront pas trop d'avoir suivi un inconnu. Je n'ai pas très envie de me faire chicaner.

Durant la route vers l'hôpital, mes pieds et mes mains se mettent à gonfler. C'est si douloureux qu'on doit me déplacer en fauteuil roulant lorsque j'arrive à Sainte-Justine.

La salle où on me place a une odeur bizarre. Peut-être est-ce tout simplement parce que j'ai passé deux jours dans un sous-sol malodorant, mais je trouve ça rassurant. Ça sent la propreté. Le blanc des murs, loin d'être froid, est apaisant.

Un homme en blouse blanche entre dans la pièce. Il a l'air inquiet.

— Véronique, je suis médecin.

Je n'aime pas qu'il commence comme ça.

— Nous allons t'examiner.

Oh non! Pas encore! Je regarde la porte, j'hésite. Je pourrais fuir, cette fois, même si je suppose que je suis en sécurité.

Si je me lève, je ne tiendrai pas debout. Je meurs de peur. J'ai la gorge serrée. Je n'ai aucune chance…

— Véronique, prononce doucement le médecin, lorsqu'un enfant est enlevé, nous devons nous assurer qu'il ou elle n'a pas subi de sévices.

— Qu'est-ce que vous voulez dire?

— Je dois vérifier s'il t'a fait des choses interdites.

Je saisis très bien de quoi il parle, mais je ne lui dis pas que François m'a touchée, caressée, léchée.

On frappe à la porte. C'est une infirmière.

— Ses parents sont arrivés, annonce-t-elle au médecin.

— Papa, maman!

J'essaie aussitôt de descendre du lit, mais je glisse par terre. Le médecin me prend dans ses bras pour m'aider à reprendre place sur les couvertures.

— Faites-les entrer.

La porte s'ouvre complètement. Mes parents sont là! Ils se ruent vers moi, le visage inondé de larmes. Je ne les ai jamais vus comme ça. Ils sanglotent et reniflent et m'embrassent.

Pourquoi pleurent-ils autant? Ne devraient-ils pas être heureux de me revoir? Tout ce temps, dans la cave, c'est de les imaginer heureux qui m'a donné la force de lutter, pas de les imaginer pleurer ! *Papa, maman, je vais bien. Souriez-moi, s'il vous plaît.*

Soudain, je prends conscience d'une chose étrange. Ils pleurent parce qu'ils m'aiment et qu'ils ont eu peur. Je ne croyais pas qu'ils m'aimaient autant.

— Madame, dit le médecin, nous devons procéder à l'examen. Si votre mari veut aller parler aux journalistes, vous pourriez rester avec votre fille.

Mon père m'embrasse à regret et sort de la chambre.

Ma mère m'aide à retirer mes vêtements. Même si elle est là, je suis très mal à l'aise et je n'aime pas le contact des doigts du médecin contre mon corps qui peine à se réchauffer. Quand il examine ma vulve, le médecin me questionne :

— Est-ce qu'il t'a touchée entre les jambes ?

— Non.

Je ne sais pas pourquoi je mens. Pour passer à autre chose, peut-être. Le meilleur moyen d'oublier, c'est de faire comme si rien ne s'était passé. Au moment où le médecin répète sa question, je suis presque convaincue que François ne m'a pas touchée.

— Bon, regardons tes mains.

Il tâte mes paumes, mes doigts, puis lâche un soupir.

— Sens-tu quelque chose ?

— Non.

— Tes engelures sont graves.

Le médecin ne s'explique pas que j'aie réussi à tourner une poignée de porte, vu l'état de mes mains. Il comprend encore moins que j'aie pu marcher pour sortir de la maison. La seule hypothèse est l'adrénaline, mais c'est de l'ordre du miracle, selon lui.

— Tu devras restreindre tes déplacements et laisser tes mains se reposer durant quelques jours, ma petite. Un peu plus et ç'aurait été l'amputation.

J'ai alors cette vision de moi, Véronique, sans mains ni pieds, créature de huit ans portant à jamais les marques physiques du pire moment de sa vie. À cet instant, je n'ai aucune idée des difficultés psychologiques qui découleront de mon enlèvement.

J'ai seulement hâte qu'on retourne à la maison. Faisons comme si j'étais partie deux jours et que j'étais revenue. Pas d'enlèvement. Jamais arrivé.

L'infirmière me demande si j'ai faim. Oui, oui. Je suis affamée !

— Que voudrais-tu manger ?

— Des toasts au beurre de *peanut*.

J'en ai rêvé tout au long de mon emprisonnement et, maintenant, on m'en offre sans me reprocher d'être capricieuse. Pas de « tu parles d'une heure pour manger ça » ou de « tu devrais manger une pomme ». On m'apporte plutôt deux rôties avec de petits contenants de beurre d'arachide. Le premier, je ne l'étends pas sur le pain. Je le dévore avec mes doigts engourdis. C'est la meilleure chose que j'aie mangée de ma vie !

Parce qu'on veut que j'aille bien, on me garde en observation toute la soirée. À la tombée de la nuit, nous allons dormir chez ma tante Chantale.

Ma mère appelle mes grands-parents pendant que ma tante me prépare un lait au chocolat. Chaque fois que je la visite, elle m'en offre un.

Mon père me fait couler un bain. Ma mère reste avec moi pendant que je me lave. Même si je suis propre, j'ajoute de l'eau chaude et je reste dans le bain. Sans vouloir tout raconter, j'aimerais parler à quelqu'un. Après tout, mon seul ami des derniers jours a été mon sac d'école, et il n'était pas très jasant. Par contre, je ne veux pas ennuyer ma mère avec mes histoires. Elle a déjà assez de s'occuper de sa grossesse.

— Maman, j'aimerais ça, parler avec Chantale.

Ma tante nous rejoint.

— Comment ça va, ma belle ?

— Bien.

Ses yeux deviennent tout humides.

— Je suis tellement contente que tu sois en vie. Je savais que tu étais forte, que tu te sauverais.

Elle me caresse le dos. Le contact humain me fait du bien.

— Moi aussi, je suis contente de m'être sauvée. Là-bas, j'ai bu de l'eau sale. C'était vraiment dégueu. J'aime ça, être chez toi.

Je me tourne vers ma mère.

— J'aimerais ça, voir papa, maintenant. Toute seule.

Mon père remplace ma tante et ma mère. Je discute avec lui comme si rien n'était arrivé. Je parle de l'école, de mes amies que j'ai hâte de revoir. Je suis simplement heureuse d'être avec lui, de sentir son énergie près de moi.

Nous dormons tous les trois sur le futon de ma tante, dans le salon. Ma mère me dit que nous irons magasiner des bottes d'hiver dès que je pourrai marcher. Les miennes sont très usées. Ce sera bon de marcher seule avec ma mère. Comme avant.

Couchée entre mes parents, je me répète avec joie une simple phrase.

Je suis en sécurité.

Lise

Elle est là. Toute petite, toute fragile. Ma belle Véronique. En vie.

Dès que je l'aperçois, je m'élance vers elle et la prends dans mes bras. Mon réflexe est d'en profiter pour la scruter sous tous les angles, à la recherche de blessures. Rien. Rien de visible en tout cas. Elle va bien !

Je sanglote contre son corps frêle. J'ai la sensation de tenir entre mes bras un chaton rescapé de la mort. Elle est si douce, si délicate, si innocente.

La joie qui m'inonde est si intense qu'elle me brûle les entrailles et la gorge au point que je peine à respirer.

Véronique murmure quelque chose. Sa voix est si faible.

— Je vous voyais sur le mur du sous-sol. Vous aviez de la peine.

— Je suis là, ma belle. Je ne te laisserai plus jamais repartir.

Le médecin insiste pour l'examiner. Sérieusement, ça ne pourrait pas attendre quelques minutes ? En même temps, j'espère aussi savoir si son kidnappeur l'a touchée. Dominique part répondre aux questions des journalistes.

Mon travail d'infirmière prend le dessus, et je deviens une femme qui tient la main d'une petite fille. Je perçois son corps comme une liste de points à vérifier. Température, pression, rythme cardiaque, marques de violence. Tout comme le médecin, je constate que son entrejambe ne porte pas de traces d'agression.

Me voilà soulagée. Cet homme s'est contenté de l'enlever. Mais pourquoi ? Oh, Véronique ! J'ai eu si peur…

Quand le médecin lui demande si l'homme l'a touchée, elle répond par la négative. *Dis-tu la vérité, Véronique ?* Je connais ma fille. Un parent attentif sait quand son enfant ment. Pourtant, à l'instant, l'émotion m'empêche de voir clair. Sa voix est enrouée comme si elle avait travaillé dans une usine de tabac. La malnutrition et les basses températures l'ont affectée jusque dans sa manière de parler.

Je me souviens de cette fois où, en revenant de l'école, elle s'est frappé la tête contre le tuyau de fer, devant le restaurant. Tout le monde autour s'est précipité vers elle. À ceux qui lui ont demandé si elle allait bien, elle a répondu oui. Elle a souri, a souhaité bonne journée aux passants, puis elle est montée à l'appartement.

Dès qu'elle est entrée, elle m'a regardée et s'est mise à pleurer. Quand j'ai réussi à la calmer, elle m'a raconté toute l'histoire.

Ma pauvre Véronique. Tu voulais être si forte, mais tu n'avais pas à l'être. Tu es une petite fille. Laisse-moi être la femme forte. Laisse-moi souffrir pour nous deux.

L'examen terminé, Dominique revient.

— Les journalistes veulent t'interviewer, m'annonce-t-il.

Je préférerais rester avec Véronique, mais je leur dois bien ça, même si je ne les porte pas dans mon cœur. C'est en partie à cause d'eux que les gens prétendent que je suis une mauvaise mère et que je suis responsable de son enlèvement.

Les journalistes sont rassemblés dans l'entrée. Ça sent la cigarette. Je hais cette odeur. Les flashs explosent de tous côtés, captant la moindre parcelle de ma fatigue, de mes traits tirés. *Que voulez-vous, bande de rapaces ?*

La première question vient de la droite.

— Comment vous sentez-vous ?

Quelle question stupide ! A-t-il seulement réfléchi avant de demander ça ?

— Je me sens soulagée. Je suis contente d'avoir retrouvé ma fille et de savoir qu'elle va bien.

La deuxième question, plus surprenante, vient du journaliste à deux pas de moi.

— Tous les enfants savent qu'il ne faut pas suivre un étranger. Allez-vous punir Véronique pour sa désobéissance ?

· Un autre imbécile.

— Je pense qu'elle a eu sa leçon, vous ne croyez pas ?

Plutôt que de paraître bouche bée, le journaliste penche la tête et prend des notes. Oh, que je vous méprise ! Vous êtes tellement la dernière de mes préoccupations. Je ne veux qu'une chose : retourner auprès de ma fille et reprendre notre vie d'avant.

L'interrogatoire s'épuise rapidement. Dominique a dû répondre aux questions intelligentes, parce que les journalistes m'en servent des sans queue ni tête. Ma torture enfin terminée, je regagne la chambre où m'attendent ma fille et mon mari.

L'infirmière offre à la petite de manger quelque chose. Elle veut des rôties. Ça me brise le cœur. Elle meurt de faim, et elle demande des rôties ! *Véronique, ta candeur me manquait. Ma fille que j'aime tant, tu peux demander ce que tu veux !*

Nous passons la soirée dans la chambre. Dominique transporte Véronique chaque fois qu'elle doit aller aux toilettes. Il la garde dans ses bras le reste du temps. Lui aussi, il refuse de la laisser partir. J'aurais bien pris quelques câlins de mon côté, mais je ne veux pas la brusquer. Si elle se sent bien là où elle est, je préfère la laisser tranquille.

Dans la soirée, une vieille femme se présente à notre chambre avec une infirmière. C'est une des bénévoles qui travaillent au magasin de souvenirs de l'hôpital. Quand ils ont su que Véronique était là, les commis du magasin se sont cotisés pour lui acheter une poupée de chiffon. Elle tenait à venir la lui offrir en personne.

Véronique est très heureuse. Elle nomme la poupée «Justine» en l'honneur de l'hôpital. Elle la garde contre son cœur toute la soirée.

Plus tard, ma belle-sœur Chantale nous visite. Le fait qu'elle étudie en travail social me donne l'impression qu'elle est la meilleure personne pour nous accompagner dans cette expérience hors du commun. Son côté bohème lui procure un air calme, ce qui est très apaisant dans un moment comme celui-ci.

Bientôt, le médecin donne congé à Véronique. Personne n'est surpris qu'on ne la garde même pas une nuit. Je suppose que c'est bon signe. L'agent Bélair passe nous voir.

— Voulez-vous une escorte jusqu'à votre appartement ? Il y a encore beaucoup de journalistes.

— Vous pouvez venir dormir chez nous, propose Chantale.

— On ne veut pas s'imposer…

— J'insiste! Je pars tout de suite. Rejoignez-moi plus tard.

Quelques minutes après son départ, nous nous faufilons à l'extérieur par l'arrière de l'hôpital. Cachés dans la voiture de police, nous passons sous le nez des journalistes zélés.

Je suis désolée pour mes parents, qui nous attendent à l'appartement et qui meurent d'impatience de serrer Véronique dans leurs bras.

Chantale est super. Dans le salon, elle nous a aménagé un lit avec son futon. C'est loin d'être un lit à ressorts mais, pour cette première nuit, les lattes de bois du divan-lit ne m'importunent pas. Je suis trop contente de coller contre moi le petit corps de Véronique.

Dès que nous sommes installés, je téléphone à mes parents. Mon père répond.

— Lise?

— Papa, Véronique va bien. On est chez Chantale. On ne voulait pas voir les journalistes.

— Je comprends.

Sa voix est triste. Je sens qu'il est déçu, mais nous n'avions pas le choix.

— Bonne idée, ajoute-t-il. Un gars du *Journal de Montréal* a essayé de défoncer la porte à coups de pied pour avoir une entrevue ! Je l'ai reviré de bord assez vite.

J'imagine parfaitement mon père se fâcher contre un journaliste. Sûrement qu'on ne le reverra pas, celui-là.

— On devrait rentrer à l'appartement dans deux ou trois jours.

— J'ai des affaires à régler au village, m'informe mon père. Je reviendrai dans quelques jours. J'aurais vraiment aimé voir Véronique.

Mes parents ont de la peine, mais ils comprennent. Je veux protéger notre intimité. Pas question que les journalistes volent nos premières heures de retrouvailles. Je ne partagerai Véronique avec personne.

Elle prend son bain. Je l'observe alors qu'elle se lave. Petite poupée toute frêle, pleine d'innocence. On n'a pas le droit de faire du mal à un enfant.

Tard le soir, Véronique s'étend entre Dominique et moi.

Je m'endors aussitôt. Aucun rêve. Aucun cauchemar. Mon corps trouve enfin le repos dont on le privait depuis la disparition de ma fille.

L'enquête

Véronique est admise à Sainte-Justine. Aurora De Barros, la femme qui a appelé la police, indique aux agents l'adresse d'où a émergé Véronique.

Pendant l'interrogatoire de madame De Barros, on défonce la porte de l'appartement. Comme l'avait dit la fillette, la poignée de porte du sous-sol est attachée à l'aide d'un fil électrique.

Ce que les agents découvrent sous l'appartement relève de l'ignominie. Une boîte d'animaux en peluche sales leur rappelle avec horreur ce qu'a vécu la petite de huit ans. Plus loin, une pile de souliers, qui ont visiblement été rassemblés là. Deux vieux coussins trempés tant ils sont humides. Un seau dans un coin, un cruchon d'eau croupie près du lit de fortune. Le tableau est macabre.

L'espace laissé entre deux lattes de bois permet à peine à un adulte de traverser d'un côté à l'autre de la prison où Véronique était retenue. Et aucun policier ne tente de sortir par la trappe utilisée par la petite fille. Tous s'entendent sur un point : la survie de Véronique Rocheleau tient du miracle.

Une équipe passe la nuit à fouiller tous les recoins du sous-sol, à la recherche d'indices sur François.

DEUXIÈME PARTIE

PREMIERS JOURS

Véronique

La police nous visite chez ma tante. L'agent veut que je lui raconte comment je suis sortie. J'explique en détail mon évasion tout en me demandant pourquoi il ne m'interroge pas sur ce que l'homme m'a fait. Il me montre le portrait-robot que tous les journaux ont publié. C'est un visage déformé, méconnaissable.

— Est-ce lui, ton agresseur ?

— Non.

— Peux-tu nous aider à faire un nouveau portrait de François ?

— Je voudrais bien, mais je n'arrive pas à me souvenir de son visage. Tout ce que je sais, c'est que je pourrais le reconnaître si vous le mettiez devant moi.

Le policier se tourne vers mes parents.

— Me permettriez-vous de l'emmener au poste afin de dresser un nouveau portrait-robot ?

— Seulement si je viens aussi, précise ma mère.

On dirait qu'elle ne veut plus me laisser, comme si elle avait peur que cette chose invisible qui nous lie soit rompue de nouveau.

Je me retrouve bientôt devant un homme qui tient contre lui un cahier à dessin.

— Imagine-toi en train de le regarder pendant qu'il te parle. Donne-moi le premier détail que tu vois.

J'ai beau suivre à la lettre les conseils du dessinateur, je n'arrive pas à voir le visage de François. Au bout d'une demi-heure, le dessinateur propose à ma mère de tenter un portrait sous hypnose.

— C'est inhabituel d'utiliser cette méthode avec les enfants, mais c'est notre dernier recours.

Ma mère me regarde. Cherche-t-elle mon consentement ? Je hoche la tête. Pourquoi pas ?

Me voilà dans une seconde pièce. Dans cette salle tamisée, deux hommes m'observent. *N'y a-t-il pas de femmes qui travaillent ici?* Au moins, ma mère est là. Et je connais déjà le dessinateur. L'autre se présente comme étant un sergent-détective. Il s'adresse à moi avec une voix basse. Il tâte mon cou, mon front.

— Sens tes muscles se détendre, laisse tes sens t'abandonner. Tu es en sécurité. Rien ne peut t'arriver.

Soudain, je suis toute molle. Je suis devant ces deux hommes et je perçois la présence de ma mère tout près de moi. Je rêve que je suis assise dans une petite salle d'un poste de police.

— Véronique, nous sommes le jour de ton enlèvement. Tu arrives sur le coin de la rue. François est là, le vois-tu?

Wow! Incroyable. Je suis avec le sergent-détective *et* sur le trottoir devant l'école. J'ai l'impression de ne pas toucher le sol. Je flotte vers le coin de la rue. Je reconnais cet homme, son jean, ses gants.

— Oui, il est là. Il vient vers moi.

— Peux-tu me le décrire?

— Il porte des bottes de travail brunes, un jean usé. Son manteau est ouvert. Ses gants sont noirs.

— Et son visage? Comment est son nez?

Je fixe son visage, mais il est vide. Il ressemble aux mannequins des vitrines. Il n'a pas de nez. Pas d'yeux non plus. Pas de bouche.

— C'est blanc, dis-je.

— On va avancer dans le temps, si tu veux.

Je refais le trajet en autobus avec l'hypnotiseur, mais je ne réussis pas à décrire François.

— On recommencera dans quelques jours, propose l'agent qui nous ramène à l'appartement de ma tante.

Sur le chemin, comme à la maison, ma mère et moi ne parlons pas de ce qui s'est passé. Même si nous sommes assises l'une à côté de l'autre, il semble que quelque chose nous sépare. Une déchirure que nous ne sommes pas en mesure de repriser.

Lise

À l'appartement, quand elle a décrit son enlèvement, sa lucidité et son détachement m'ont impressionnée. Je me doute bien qu'il s'agit d'un mécanisme de défense, et cela m'effraie.

Pauvre petite, elle semblait si sûre d'elle quand elle a accepté d'être hypnotisée. Maintenant que je la regarde, délicate poupée toute molle, ivre comme dans un rêve éveillé, je regrette de l'avoir mise dans cette situation.

Avec innocence, elle raconte comment François l'a enlevée. Elle parle du trajet en autobus, des arrêts qu'ils ont faits avant d'atteindre la maison. Elle décrit la descente d'escalier, le sol en terre battue. Elle explique comment elle s'est déshabillée à sa demande… Puis, elle se met à parler des souliers, de son sac d'école, de l'eau croupie, etc.

— François n'a rien fait ?

— Non, chuchote-t-elle. Il est parti tout de suite après.

Si ce n'était du rapport du médecin, je jurerais que ce n'est pas tout.

L'enquête

Cinq policiers travaillent toujours activement sur ce qu'ils considèrent être une chasse à l'homme. Ils continuent de vérifier le déluge de signalements correspondant au portrait-robot de François qu'ils ont reçus depuis la découverte de Véronique. Ils doivent aussi rencontrer les anciens prisonniers dont les noms ont été fournis par des détenus de différents pénitenciers.

Lise

Comme je me le suis promis le jour où elle est disparue, je propose à Véronique d'aller acheter des bottes d'hiver. Chantale vit au bout de la Sainte-Catherine, alors c'est une occasion de magasiner dans les boutiques de la rue.

J'ai peur d'être reconnue, ou qu'on reconnaisse Véronique, mais tout va bien. Personne ne nous regarde. Nous sommes simplement une mère et sa fille qui marchent. Ses pieds fatigués nous forcent à arrêter souvent, ce qui nous amène à contempler de nombreuses vitrines. Il y a de belles boutiques, et tellement de bottes magnifiques. Ma fille les mérite toutes, mais je n'ai pas les moyens de les acheter. Le peu de chômage que je reçois ne suffit pas à nous faire vivre. Je suis certaine que, quand on sera à la campagne, on pourra mieux s'en sortir.

En attendant, je trouve une paire de bottes abordables dans un magasin de chaussures. Nous passons le reste de la journée à l'appartement de Chantale. Je téléphone à Berchmans, qui s'occupe des journalistes chez nous. Sa blonde et ses enfants sont venus le rejoindre.

Cette nuit-là, je dors moins bien. Les planches de bois du futon me rentrent dans le dos. Le bébé n'arrête pas de bouger. J'ai toujours envie. Mon corps réclame mon lit. Véronique, elle, dort à poings fermés.

Nous devons rentrer chez nous.

Nous sommes dimanche. Puisque les journalistes ont abandonné la rue, nous retournons à l'appartement. Mes parents nous y rejoignent. En entrant, mon père se dirige tout de suite vers Véronique. Il la prend contre lui et la serre en me regardant avec intensité, les yeux larmoyants. Je ne l'ai jamais vu comme ça.

— Je savais qu'elle était forte, mais elle l'est bien plus que je le pensais.

Véronique passe la journée sur nos genoux. C'est comme si rien n'était arrivé, sauf que nous caressons sans arrêt notre petite fille adorée. Nous discutons de tout, à l'exception de l'enlèvement.

Je ne demanderai jamais à Véronique de me parler de ce qui s'est passé. Je ne souhaite pas la brusquer ni la harceler. Ils seront nombreux à la questionner, mais je ne serai pas de ceux-là. Je respecterai son silence, quoi qu'il m'en coûte. Si un jour elle souhaite se confier, j'ouvrirai les oreilles et pas une seconde je ne lui dirai de se taire.

Pour l'instant, je suppose qu'elle veut ravoir sa vie d'avant et je vais tout faire pour ça. Véronique mérite de vivre comme une petite fille normale.

Véronique

Lundi matin, on sonne à la porte.

— Bonjour, monsieur Rocheleau ! Je suis représentant de la compagnie Chipitos[2].

— Nous ne sommes pas intéressés, merci.

Alors que mon père referme la porte, l'homme l'interrompt.

— Non, non ! Je n'essaie pas de vous vendre quoi que ce soit, au contraire !

Il nous explique que la photo qui circule dans les journaux, où on me voit sur les genoux d'un policier, me montre avec un sac de croustilles Chipitos dans les mains. Pour me remercier d'avoir choisi Chipitos, la compagnie m'offre une caisse entière de mes croustilles préférées (c'est ce qu'il faut dire aux médias). Le représentant répète « Chipitos » dans toutes ses phrases et insiste sur l'importance de parler aux journalistes de ce beau cadeau.

---

2. Il s'agit d'un nom inventé. La vraie marque de croustilles n'est pas nommée pour que sa réputation ne soit pas atteinte.

Mardi, je retourne au poste de police pour tenter une nouvelle fois de dresser le portrait de François. On me fournit alors des morceaux de casse-tête avec des yeux, des nez, des coupes de cheveux et des bouches. Même avec ces formes, je n'arrive pas à récréer le visage de François. C'est comme si on l'avait effacé de ma mémoire. Chaque fois que je pose une pièce, je dois en changer une autre, parce que j'ai l'impression que ça ne fonctionne pas.

Lise

Après l'épreuve de l'hypnose, j'ai considéré que je devais aussi subir ma part d'interrogatoire, alors j'ai rappelé les journalistes pour leur accorder une entrevue. Mon espoir est qu'ils nous laisseront tranquilles par la suite. J'espère aussi que ça m'aidera à mettre des mots sur mon bonheur et mon soulagement. Je les invite à venir à la maison en même temps, afin de ne pas avoir à me répéter, et pour qu'ils aient tous la même version des faits.

Mardi, *La Presse*, *Le Journal de Montréal*, *Allô Police* et *The Gazette* se retrouvent dans ma cuisine, assoiffés de nouvelles.

Pendant qu'ils me posent des questions, je me remémore ce que les journalistes ont écrit à propos de nous. Sans jamais m'avoir rencontrée, ils racontaient que j'étais une mauvaise mère, une irresponsable qui négligeait sa fille. Difficile de ne pas serrer les dents quand ils me disent qu'ils sont heureux que nous ayons retrouvé Véronique. *Menteurs, bande de menteurs ! Vous auriez aimé qu'elle soit retrouvée morte pour continuer de dire que j'étais une mauvaise mère ! Je vous déteste. Vous êtes des charognards. Toujours à la recherche de personnes faibles à déchirer en lambeaux.*

Véronique interrompt le fil de mes pensées noires. Elle a faim. Ça tombe bien, le journaliste d'*Allô Police* veut une photo d'elle avec «une toast au beurre de *peanut*», parce que c'est ce qu'elle a demandé à l'hôpital. Je lui prépare une rôtie. Comme ça, les journalistes voient bien que je ne suis pas une mère ingrate. Véronique retourne jouer dans sa chambre, et je continue de répondre aux questions. Elle revient dix minutes plus tard.

— J'aimerais ça, avoir une autre toast.

— Non, on soupe bientôt. Je veux pas te couper l'appétit.

Elle retourne jouer après avoir rouspété un peu. Je reste ferme, mais pas brusque.

Véronique

Mercredi, nous recevons la visite d'Aurora De Barros, celle qui m'a aidée quand je me suis sauvée. Mes parents la serrent très fort dans leurs bras, comme si c'était elle qui m'avait sortie du sous-sol. J'oublie vite cette impression, parce que madame De Barros m'a apporté un cadeau : une Barbie ! Une vraie, dans une boîte rose ! Avec des vêtements et des accessoires neufs. C'est la plus belle Barbie que j'aie vue de ma vie.

Madame De Barros discute avec mes parents pendant que je joue avec ma nouvelle poupée. La femme est contente de me voir rétablie. Ma mère est triste, parce que les journaux racontent qu'elle me gâte vu qu'elle m'a donné une rôtie quand ils nous interviewaient.

— Ne vous en faites pas pour les rumeurs, la rassure la dame. Moi, je sais que vous êtes de bonnes personnes.

— Les journaux disent le contraire, réplique ma mère.

— De mauvais parents n'auraient pas élevé une petite fille intelligente et débrouillarde comme Véronique, croyez-moi.

Le soir venu, quand il vient me border, je décide de parler à mon père. Je souhaite qu'il sache. Que quelqu'un sache.

Je lui raconte comment François m'a approchée. L'autobus. La marche dans le quartier inconnu. Ses mains froides sur mes fesses. Je ne donne pas tous les détails, juste assez pour qu'il comprenne que j'ai combattu et que je n'ai jamais abandonné.

— Mais c'est un secret, papa. Tu ne dois jamais en parler. Même pas à maman.

— Promis. Demain, si tu veux, on écrira une lettre pour dire aux enfants d'être prudents. On l'enverra aux journaux. Et lundi, tu pourras retourner à l'école si tu en as envie.

— Oui, j'aimerais beaucoup.

J'ai confiance en mon père. Il est sincère et ne me trahira pas. Je ne sais pas pourquoi je ne veux pas que ma mère apprenne tout. C'est comme si papa était la seule personne à qui je pouvais raconter *ça*.

Cette nuit-là, je dors très bien, malgré mon excitation à l'idée de bientôt revoir mes amies.

Lise

Jeudi, le journaliste du *Journal de Montréal* me joint au téléphone.

— J'aimerais faire un gros article sur le retour de Véronique à l'école.

— Tu peux te le mettre où je pense, ton article.

Il tousse.

— On prendrait des photos. Je vous ferais faire des copies couleur des photos de l'article.

Il ne comprend vraiment pas !

— Comment oses-tu m'appeler après avoir parlé en mal de toute ma famille dans ton torchon ?!

Il prend un temps avant de répondre.

— Ça vous ferait de beaux souvenirs. Notre photographe est une professionnelle, en plus.

— Écoute, on a assez de publicité comme ça. Ne rappelle plus jamais ici.

Et je raccroche.

J'attends une seconde, mon regard menaçant fixé sur le téléphone. Il ne sonne pas. Tant mieux. Je me serais fâchée pour vrai, cette fois.

PREMIÈRES SEMAINES

Véronique

Mon retour en classe est célébré par l'ensemble de l'école. Le directeur a donné une permission spéciale : tout le monde manque la première heure après le dîner. Le gymnase est décoré, et un repas chaud est servi aux élèves. Et moi, je suis la reine de la fête ! Chacun est heureux de me revoir, même des élèves avec qui je n'ai jamais parlé.

On me remet des dizaines de lettres de félicitations. Claude, un garçon de ma classe que je trouve très beau, m'a même écrit une lettre d'amour. Et il me donne sa photo. Le directeur m'offre une magnifique poupée «au nom du personnel de l'école». Je ne comprends pas vraiment ce qu'il veut dire par là, mais j'accepte avec plaisir la Bout d'chou.

La joie de tous est si grande que j'en oublie presque la cause. Normal. Personne ne me demande ce que j'ai vécu.

Même Brigitte et Annie ne m'en parlent pas. Elles sont simplement contentes de me revoir. Elles me proposent des jeux dès qu'un silence se pointe le bout du nez.

Après quelques jours, l'école reprend un rythme normal. Les sujets de discussion de la cour n'ont pas changé. Tout va bien pour tout le monde. Il n'y a que moi qui sais que je ne suis pas Véronique Rocheleau. J'ai pris sa place. J'ai assisté à son agression sans rien dire. Je n'avoue à personne que, pour moi, Véronique est morte. J'interprète un rôle. Une copie, voilà ce que je suis. Je souris et joue avec mes amies, mais je me répète qu'elles se trompent de fille.

La veille de mon retour aux cours de ballet, j'enterre la petite Rocheleau pour de bon.

— Je veux arrêter le ballet. J'ai trop manqué de répétitions.

Au fond, j'ai peur. Je crains de ne pas être à la hauteur des autres filles. Pendant que je perdais l'usage de mes pieds, elles révisaient leurs tendus et leurs ronds de jambe. Elles seront toutes meilleures que moi, et je refuse d'être confrontée à cela. Je doute de pouvoir les rattraper. De toute façon, je ne suis plus une petite fille comme les autres. Je ne jouerai plus jamais le cygne. François a arraché mes ailes. Il a ravi ma grâce et anéanti ma confiance.

— C'est pas grave, me rassure mon père. T'es pas obligée de recommencer.

Je suppose que ça arrange tout le monde. Mes parents ont beaucoup d'autres choses auxquelles penser. La première d'entre elles, c'est l'arrivée imminente de mon petit frère. Moi-même, je vois en sa future venue le signe d'un nouveau départ. Après tout, le monde n'est pas si monstrueux puisque les bébés naissent encore.

Véronique? Oui, il lui est arrivé quelque chose il y a deux semaines, mais elle n'en parle pas, alors elle s'en est bien remise. Passons à autre chose, c'est sûrement ce qu'elle veut.

Oui, je commence à le croire.

Lise

Depuis le début de la semaine, ma fille est accompagnée quand elle va à l'école. Dominique marche avec elle le matin et le midi, et je l'attends chaque après-midi. Comme je devrais accoucher en fin de semaine, la secrétaire accepte que j'attende à l'intérieur, assise sur les bancs du secrétariat. Tout le personnel comprend notre situation. Quelle belle fête on lui a organisée pour son retour!

Véronique, elle, agit comme si rien ne s'était produit. Ça m'inquiète. Après tout, c'est un traumatisme sérieux. Heureusement, l'hôpital Sainte-Justine nous a recommandé un psychologue afin que notre fille puisse avoir un suivi adéquat. J'essaierais bien de la faire parler moi-même, mais je ne suis pas outillée pour ça. Je n'ai aucune idée de la manière d'aborder le sujet avec elle. *Véronique, parle-moi de ton enlèvement. Comment te sentais-tu? Avais-tu peur qu'on te trouve morte?* J'ai l'impression que tout ce qui sortirait de ma bouche ne ferait qu'empirer les choses. Je préfère laisser ça à un professionnel.

Les séances ont lieu chaque jour. C'est Dominique qui accompagne Véronique, car j'arrive difficilement à m'endurer moi-même avec ma grossesse à terme. Après trois ou quatre séances, je demande à mon mari de quoi ils parlent.

— Elle lui raconte ses journées à l'école.

— Il ne lui pose pas de question sur l'enlèvement?

— Pas vraiment.

Ça doit faire partie de sa technique, mais je trouve ça un peu étrange.

Vendredi, Dominique étant occupé, c'est moi qui rencontre le psychologue avec Véronique. L'homme dans la fin trentaine nous accueille en saluant la petite, puis en serrant ma main. J'ai l'impression qu'il me scrute de son regard profond.

— Madame Rocheleau, avec votre mari, nous avons beaucoup parlé des activités qu'il partage avec votre fille. J'aimerais vous poser la question suivante: que faites-*vous* avec elle?

Ce que *je* fais avec elle? Je me visualise à la maison. Pendant que Dominique joue avec notre fille, je m'occupe de tout le reste. La seule chose qui intéresse mon mari, c'est s'amuser. Au moment où j'ouvre la bouche, je sens que c'est une erreur. Si je dis ça, le docteur pensera que je cherche des excuses pour ne pas être avec elle. Mais, si je ne dis rien, je serai coupable. Il me prend pour une mauvaise mère. Il aimerait que je l'avoue, mais ce n'est pas vrai!

— Nous faisons ses devoirs. Tous les jours.

Le jeu, c'est bien beau, mais les études, c'est important, et je m'en occupe bien. Le psychologue n'a pas l'air aussi convaincu que moi.

— Mais encore?

— Écoutez bien. Pendant que son père joue avec elle, moi, je cuisine, je couds, je lave, je repasse, je range, je frotte, je récure et j'aménage une chambre de bébé.

Il comprend.

— Je n'avais pas vu cela de cette façon.

Il n'ajoute rien. On dirait qu'il aimerait que je me sente coupable. Il souhaite que je passe plus de temps avec Véronique. Pas de problème, mais qui va prendre le reste en charge ? Sûrement pas un musicien entre deux emplois qui ne touche jamais à la cuisinière ! Moi aussi, j'adorerais m'asseoir avec ma fille et m'amuser mais, si elle compte porter des vêtements décents à l'école, je dois m'atteler au moulin à coudre plutôt que d'habiller des poupées. Et c'est important qu'elle soit bien nourrie ! Tout ça repose sur mes épaules.

Rage. Rage et tristesse. Coincées dans ma gorge comme un boulet noir. Je ravale. Que ça reste en dedans. Pas question de laisser cet homme me faire du mal.

Je ne crois pas que ces rencontres en vaillent la peine. Avec l'arrivée du bébé, nous n'aurons probablement plus le temps de revenir voir ce psychologue.

Dimanche, nous allons voir mes beaux-parents en soirée. Mes contractions sont fréquentes, alors je reste aux aguets. Comme c'est aujourd'hui la date prévue de mon accouchement, je demande à Dominique de m'amener à l'hôpital.

Je me retrouve en salle d'accouchement, couchée sur un matelas défoncé, dans l'obscurité, à compter le temps entre chaque contraction. *J'ai vingt-sept ans et je vais avoir mon deuxième enfant.*

Je passe la nuit éveillée. Même si je tombe de sommeil, les infirmières viennent vérifier mes signes vitaux toutes les heures. Impossible de fermer l'œil.

Véronique occupe toutes mes pensées. Pendant l'enlèvement, j'en ai voulu à Dieu. Je lui disais qu'il n'était pas question que je perde un enfant pour en avoir un autre. Maintenant que ma fille est revenue, j'ai peur pour mon bébé. Et si Dieu m'écoutait? Si les choses se déroulaient mal?

Au matin, le médecin entre dans la chambre.

— Ça n'avance pas assez rapidement. On va crever vos eaux. Ça va provoquer le travail. L'accouchement devrait suivre.

C'est vite dit. Je pousse durant trois heures et demie avant que mon bébé sorte enfin. En huit ans d'intervalle, j'avais oublié la douleur.

Nous le nommons Bourgeois Vincent Carl. Bourgeois, pour Marguerite Bourgeoys, celle qui a donné la force à Véronique de sortir de sa prison. Vincent, car c'est un prénom que Véronique adore. Et Carl, parce que c'est la force et le calme réunis, l'énergie dont j'ai dû faire preuve pour ne pas abandonner.

Carl à la pouponnière, Dominique me visite avec Véronique. Mon cœur est rempli de joie! Ma belle grande fille a maintenant un petit frère. Nous sommes désormais une famille de quatre. Un papa, une maman, une fille et un garçon. La première partie de mon rêve est achevée. Quant à notre maison de campagne, j'ai toujours espoir.

Quelques jours plus tard, un appel étrange jette une ombre sur mon bonheur. Le téléphone résonne dans toute la maison. Dominique répond.

— Allô?

Il attend un instant, puis raccroche.

Il a l'air troublé.

— Quoi? Qu'est-ce qu'il y a?

— C'était un homme, m'informe-t-il. Il a appelé quand tu dormais. Il vient de rappeler. Il a dit que c'est lui qui a enlevé Véronique. Et il a raccroché.

Il voulait qu'on comprenne qu'il savait où nous étions.

Je veux partir de Montréal.

Tout de suite.

Véronique

Quelques jours plus tard, alors que je reviens de l'école, il y a des valises près de l'auto. Mon père remplit la voiture. La seule chose qui me vient en tête, c'est que ma mère et lui se séparent.

— Qu'est-ce qui se passe?

— On déménage! répond mon père, heureux.

Quoi?!

— Tout de suite?

— Ha! ha! Non, pas tout de suite! J'ai trouvé une job en campagne, proche de notre nouvelle maison. Vous allez rester à Montréal en attendant que j'aie tout arrangé là-bas.

Je rage!

Je monte l'escalier en faisant le plus de bruit possible. Dans l'appartement, je fonce dans ma chambre sans regarder ma mère. Ils savaient que je ne voulais pas partir de la ville! Ils n'ont pas le droit de m'enlever toutes mes amies et de les remplacer par un trou qui pue le fumier. J'ai détesté vivre à la campagne. J'étais jeune, mais je me rappelle très bien le sentiment de bien-être qui s'est emparé de moi quand nous sommes passés de Saint-Didace à Montréal. Maintenant, ils veulent m'asphyxier de nouveau!

La ville, c'est la vie. La campagne, c'est la mort.

Et je me sens déjà assez morte en dedans comme ça.

TROISIÈME PARTIE

PRINTEMPS

Lise

Depuis janvier, nous visitions des maisons de campagne. Celle de Saint-Edmond nous intéressait beaucoup, mais il fallait obtenir un prêt. Un couple formé d'une infirmière auxiliaire enceinte et d'un chômeur, ce n'est pas très attrayant pour les banques, alors elles ont pris leur temps pour répondre. Avec l'enlèvement, nous avions mis cela de côté. Maintenant, avec la menace silencieuse qui plane au-dessus de nos têtes, je dormirais presque dans la rue pour fuir Montréal. C'est pourquoi j'ai pleuré lorsque, le lendemain de la naissance de Carl, une banque a accepté notre demande de prêt.

Nous aurons notre grande maison de campagne! Mon rêve se concrétise enfin! Quand nous serons bien installés, je pourrai ouvrir ma résidence pour personnes âgées. Le défi est grand, bien sûr. Ce n'est pas un hasard si nous avons pu nous offrir ce futur havre de paix. La maison est en ruine. Il n'y a aucune division, et les murs ne sont pas isolés. Il n'y a même pas de planchers! Pourtant, je suis prête à tout. Quitter Montréal est ma priorité. Éloigner Véronique de la ville et du mal qu'elle renferme. Du Mal qui court toujours.

Au fil des semaines, j'aménagerai de quoi survivre durant l'été, dans la laiterie, en attendant qu'on termine les travaux dans la maison. L'argent manque, alors le poêle électrique, la pompe à eau et le réservoir à eau chaude devront patienter quelques semaines encore.

Et Véronique, là-dedans? *Ma belle, si tu savais que c'est aussi pour toi que je fais cela. Il n'est pas question qu'il t'arrive quoi que ce soit d'autre. Je vais te protéger de tout.*

Véronique

Plus les jours avancent, plus les boîtes s'accumulent dans l'appartement. Par un samedi nuageux, nous chargeons la voiture à son maximum et prenons la route de Saint-Edmond-de-Grantham. Durant une heure, je calcule la distance qui me séparera de mes amies. *Je n'aurai aucune chance de les revoir.*

Lorsque nous arrivons enfin à notre maison, je reste sans mots devant l'horreur de cette chose. C'est une vieille laideur de bois à la peinture écaillée. Elle est spacieuse, mais aussi affreuse. À mon grand étonnement, ma mère n'arrête pas la voiture devant la maison. Elle continue d'avancer et va se garer devant une étable encadrée par deux immenses granges en bois gris avec des toits de tôle rouillée.

— On ne peut pas tout de suite vivre dans la maison, explique-t-elle. Il y a encore des travaux à faire. En attendant, on va vivre dans la laiterie.

La laiterie! Nous allons dormir à côté d'une citerne de lait de vache! C'est une blague? Pourquoi déménager si on ne peut même pas habiter dans une maison?

Ma mère descend. Je reste dans l'auto, trop triste pour poser le pied dans cet endroit horrible.

Ce n'est pas ma vie. Ce n'est pas ma vie. Ce n'est pas ma vie.

Seule cette pensée m'aidera à endurer ce qui m'arrive. Comment peut-on faire subir une telle chose à une enfant? Surtout que je me remets à peine de ce que François m'a fait vivre. Irréel.

Comment osez-vous?

Quand je sors finalement de l'auto, je me dirige vers la maison. Impossible que ce soit aussi atroce que ce que je m'imagine. On peut sûrement arranger les choses et vivre dans une maison comme des gens normaux.

Je suis incapable de voir par les fenêtres du rez-de-chaussée, mais je découvre rapidement celles du sous-sol, cachées derrière les hautes herbes entourant la monstruosité. Aussitôt, ma vue se trouble sous le coup de l'angoisse.

L'intérieur est vide. Tout ce que j'aperçois, c'est un sous-sol en terre battue avec des murs en pierre. Ça n'en prend pas plus à ma tête pour remplir cet espace de mauvais souvenirs. Je vois presque les souliers, les coussins et les graffitis. Dans un coin d'ombre, je distingue François. Il a ses gants noirs. Il attend que j'entre dans la maison.

Je cours à l'étable pour parler à mes parents.

— Je ne vivrai jamais dans cette maison-là !

— Tu vas t'y faire, me rassure mon père avec calme.

Ils ne peuvent pas saisir mon sérieux. Ils ne réalisent pas à quel point cette cave ressemble au sous-sol où François m'a enfermée.

À quoi bon leur expliquer ? Ils ne comprendraient pas.

Je retourne à la laiterie. Contrairement à ce que je craignais, il n'y a pas de citerne de lait, et je n'entends pas de vaches dans l'étable. Au centre de la pièce, il y a une table. Sur le bord du mur, un matelas de mousse jaune. Rien d'autre. Comment va-t-on vivre ici ? Mon père me rejoint.

— C'est là que je dors, dit-il en montrant le matelas.

— Il n'y a pas de poêle ni de frigo. Et dans quoi tu te laves ?

— Je mange en allant travailler. Je me lave au lavabo.

Dans un coin de la laiterie, il y a un tonneau d'acier coupé en deux où coule l'eau d'un puits.

— Et les toilettes ?

Mon père sourit, gêné.

— Au fond de l'étable, dans le dalot.

Quoi ?! Tu veux rire de moi !

Non, il est très sérieux. Il n'y a pas de toilettes.

— C'est temporaire, précise ma mère. Pour l'instant, on va venir les fins de semaine pour tout préparer. Tu pourras coucher chez grand-papa et grand-maman.

Je veux mourir.

Il reste encore deux mois d'école quand, un après-midi, je trouve ma chambre prête pour le déménagement. Mes draps sont dans une boîte. Mon bureau est vidé et recouvert d'une couverture. Le matelas de mon lit est appuyé contre le mur. Je comprends pourquoi mon enseignante m'a dit au revoir à la sortie des classes.

Mes oncles et mon grand-père reviennent de leur premier «voyage». Ils embarquent tout ce qui reste dans les camions. Je monte avec mon père, mon sac à dos sur les jambes. Je suis en larmes. Je n'ai même pas pu dire adieu à mes amies. Nous sommes si pauvres, et les interurbains sont si coûteux; je ne pourrai probablement jamais les appeler. À ma peine s'ajoute la haine. On aurait dû m'avertir que c'était aujourd'hui qu'on partait.

Au moment où je me dis que ma vie est gâchée, je constate avec horreur que ce n'est pas terminé. Ma vie vient de commencer. Je n'ai que huit ans. J'ai encore des années et des années de peines et de souffrances à vivre. Quelle chance !

J'en veux tellement à mes parents ! Je ne vois pas du tout en quoi notre vie sera meilleure en campagne. Au contraire, nous ferons davantage pitié. Pendant que mes oncles transportent les meubles dans la grange pour les entreposer (la laiterie a la taille d'un salon), je m'enferme dans le camion pour sangloter.

Quelques jours après notre déménagement, je me dis qu'il faut que je me fasse des amis. Le seul avantage de ce «nouveau départ», c'est que personne ici ne sait ce que j'ai vécu. Pour mes nouveaux amis, je ne serai qu'une fille de la ville déménagée en campagne.

Depuis notre arrivée, j'ai remarqué trois garçons qui jouent chaque jour sur le terrain du voisin d'en face, à cinq cents mètres de la maison.

— Papa, est-ce que je peux aller voir les enfants qui jouent là-bas? Si on est pour vivre ici longtemps, il faudrait que je commence à me trouver des amis.

— Vas-y, amuse-toi.

À bien y penser, il y a un autre avantage à vivre ici: mes parents sont plus détendus qu'en ville. Ils ont confiance en la campagne.

Je traverse aussitôt la route.

Quand ils remarquent que je marche vers eux, les enfants arrêtent de jouer pour mieux m'observer.

— Salut, je m'appelle Véronique.

Un garçon blond, qui ne porte pas de chandail malgré les températures fraîches du printemps, s'approche de moi.

— T'es une fille d'la ville, hein?

— Oui.

À quoi bon faire semblant? C'est vrai que je viens de la ville.

— T'as déjà vu une fosse septique?

— Non.

C'est un mensonge. Je sais très bien à quoi ressemble une fosse. Mon oncle a une porcherie, et j'ai souvent vu ces cercles de béton gros comme des maisons et remplis d'excréments de cochon. Mais ils ne le savent pas. Et ils se font un plaisir de m'amener voir celle du bonhomme Tessier. Ça pue! J'ai les narines qui brûlent et les yeux qui piquent tellement l'odeur de purin est forte! J'avais oublié que ça sentait si mauvais.

Je passe la journée avec eux. Je joue le rôle de l'étrangère, et eux, les guides. Ils essaient de m'impressionner. Ils font des sauts en vélo, enjambent des fossés et grimpent aux arbres. Le blond, celui qui m'a parlé en premier, s'appelle Louis. Il est très grand. Selon moi, il est plus vieux que les autres, mais je ne saurais dire de combien d'années. Il bouscule beaucoup ses compagnons, mais ceux-ci ne font rien. Il y a aussi Yan.

Il est le plus petit de tous et a les cheveux foncés. Il rit de toutes les blagues de Louis et répète ses niaiseries. Il me trouve à son goût, parce qu'il me taquine gentiment toute la journée. Puis, il y a Danny. Il a huit ans, comme moi. Il est plus calme que les autres et a de grands yeux bleus.

Quand vient l'heure du souper, je quitte mes nouveaux amis avec l'impression que, finalement, je peux mettre une croix sur Montréal et recommencer quelque chose de neuf ici. Même si notre cuisine-chambre est en béton et qu'elle sent le chou, je me dis qu'au moins ce n'est pas un sous-sol en terre battue.

Le lendemain, je m'empresse d'aller retrouver mes amis. Ils sont encore en train de s'amuser sur le terrain de Louis. Nous jouons sur le gazon devant la maison quand une fille de notre âge passe à vélo. Danny l'appelle :

— Nathalie !

Elle s'arrête et nous regarde. Elle ne semble pas vouloir s'approcher.

— Viens ! lui ordonne Danny.

Yan et Louis murmurent en riant. Je demande ce qui se passe.

— Louis rit toujours de la sœur de Danny, m'explique Yan.

Nathalie s'approche. Ses cheveux sont bruns et frisés. Elle a des taches de rousseur sur le nez et les joues. Ses vêtements sont très beaux. Son vélo a l'air neuf.

Quand elle arrive près de nous, Louis fait les présentations.

— Nathalie, elle, c'est Véronique. C'est une fille d'la ville. Véronique, ça, c'est Nathalie… la grosse truie !

Je sursaute. Je ne m'attendais pas à ça. Yan et Louis éclatent de rire. Avant que je puisse dire quoi que ce soit, Nathalie retourne en larmes jusqu'à sa bicyclette. Elle part aussitôt. Je regarde Danny. Il n'a pas trouvé ça drôle non plus. Il monte sur son vélo et la suit. Je fixe Louis.

— T'es vraiment niaiseux. Je m'en vais.

Je prends ma bicyclette pour rejoindre Danny et Nathalie. Je pédale aussi vite que je le peux et, alors que je les poursuis, je constate que je m'éloigne de la maison. Je me retourne une seconde et, rassurée à la vue de la vieille chose décrépie, je continue ma course. Ils tournent enfin dans la cour d'une grande et belle maison. Une maison de riches. Pour l'instant, ce n'est pas ce qui m'inquiète. Nathalie pleure sur le côté de la maison, son frère a disparu. En m'approchant, je parle tout bas.

— Salut.

— Va-t'en !

— Je ne veux pas t'écœurer. Je veux juste te dire que Louis est con de t'avoir dit ça.

Elle renifle.

— Il me parle toujours comme ça.

— Alors, il est toujours con.

Elle arrête de pleurer et me regarde.

— Écoute-les pas, poursuis-je. Moi, je ne te connais pas et je trouve que tu n'as pas l'air d'une truie. Je trouve même que t'as l'air super gentille.

Elle sourit. Je tends la main.

— Amies ?

— Amies, répond-elle en me donnant la sienne.

Le lundi suivant, je monte dans l'autobus pour mon retour en classe. Je m'assois avec Nathalie et nous faisons connaissance. Elle m'accompagne dans l'école pour me faire connaître les corridors et les locaux. Elle me parle des profs, du directeur et du concierge. Elle me fait une place à sa table au dîner, et nous jouons ensemble aux récréations. En après-midi, nous allons chez elle.

Pour une deuxième semaine à la campagne, je pense que je m'en sors bien. J'ai trouvé une bonne amie, et je m'adapte vite à l'école.

Nathalie Gallant et moi n'avons aucune idée que nous serons encore amies au secondaire. L'autre chose que je ne sais pas, c'est que la distance qui me sépare du sous-sol de l'avenue Laurier ne suffira pas à étouffer le mal que François m'a fait.

Lise

Après quelques jours de repos, Véronique est prête à entrer dans sa nouvelle école. Elle prend l'autobus devant la maison. Je la vois toute petite et pourtant si vieillie par ce qu'elle a vécu. Si seulement j'arrivais à dire quoi que ce soit. Chaque fois que j'ouvre la bouche, ça reste bloqué dans ma gorge. Je crains de la réexpédier directement dans son sous-sol en terre battue. Pas question de la traumatiser encore.

Maintenant que Véronique est en sécurité à l'école, mon père m'offre un chien pour surveiller la maison. Pour l'instant, ce n'est qu'un chiot, mais ce bâtard au poil roux, à mi-chemin entre un chow-chow et un chien-loup, deviendra très vite immense et effrayant. Déjà, il jappe et se jette au bout de sa chaîne dès qu'un inconnu entre dans la cour.

Ça, c'est rassurant.

Comme le salaire de Dominique ne suffit pas à couvrir tous nos frais, je prends la voiture et je vais en ville avec Carl. Il y a un hôpital et un centre pour personnes âgées. Mon fils dans le porte-bébé, je remplis une demande d'emploi aux deux endroits. Au centre, la secrétaire me propose même de s'occuper du bébé pendant que je réponds aux questions du formulaire d'embauche. Par chance, Carl s'avère très conciliant.

Deux jours plus tard, on m'appelle pour m'annoncer que j'ai décroché l'emploi. Je commence dans cinq jours.

— Chanceuse, dit Dominique. Moi, je n'ai plus rien dans le coin.

— T'as un travail…

— Pas assez de job.

— Dominique !

— Mais j'ai trouvé quelque chose à Montréal !

Quoi ?!

— T'es pas sérieux ? m'exclamé-je. On vient d'arriver ici !

— C'est pas ce que tu penses. Ça fera pas comme dans le temps de Saint-Didace.

— Tu vas voyager tous les jours ?

Je me souviens très bien de Saint-Didace. J'élevais toute seule Véronique. Quand il n'avait pas tout dépensé, Dominique venait nous voir la fin de semaine. Une des pires périodes de ma vie.

— Tous les jours, promet-il. Je vais revenir tous les jours.

À quoi bon combattre ? Nous n'avons pas le choix.

La semaine suivante, Dominique part à Montréal, Véronique prend l'autobus, je laisse Carl chez ma sœur et je vais travailler en ville. Dès que je reviens, je cloue des planches dans la maison. Je pose de l'isolant et, quand il arrive, Dominique scie des planches qu'il entrepose dans le garage en attendant que je les installe le lendemain. Cette routine durera jusqu'à l'été.

Pendant ce temps, Véronique s'amuse avec Nathalie. Chaque fois qu'elles partent ensemble, je la laisse aller avec assurance. J'ai rencontré madame Gallant, la mère de la fillette, et j'ai confiance en elle. Il lui arrive même de garder Carl pour me dépanner. Quant à la route, je n'ai rien à craindre ; je peux suivre Véronique du regard jusqu'à ce qu'elle entre dans la cour de Nathalie.

Quand elle n'est pas avec son amie, ma fille reste avec nous. Elle étudie, elle joue avec son frère. Elle vit l'existence d'une enfant normale. *Ma belle, j'espère que tu vas aussi bien que tu en as l'air. Tu ne me parles pas.*

Lorsque je la questionne, l'enseignante m'affirme que tout va bien en classe.

— Pourquoi cette question ? me demande-t-elle chaque fois.

— Pour rien.

Personne ne sait quoi que ce soit de notre ancienne vie. Et je veux que ça reste comme ça.

Véronique

Vivre dans une laiterie est très étrange. Le premier mois, je dois prendre mon bain dans l'évier, tout comme mon petit frère. Chaque fois, je me fais la même réflexion : nous sommes pauvres. Et je hais mes parents de provoquer cette pauvreté. Quelle idée stupide de vouloir vivre leur rêve de fermiers !

Mon père lit dans mes pensées. À moins que ce soit parce que je suis transparente. Un matin, à mon réveil, il m'attire dans l'étable.

— J'ai une surprise…

De l'autre côté de la porte qui sépare la laiterie de l'étable, mon père a installé un bain, celui qui sera dans la maison quand elle aura des planchers. Le bain est raccordé à la tuyauterie et au réservoir d'eau chaude que ma mère a acheté la semaine dernière.

— Tu ne seras plus obligée de te laver dans l'évier !

Immense sourire sur le visage de mon père.

Un pas dans la bonne direction, oui, mais pourquoi n'ont-ils pas eu le rêve de voyager à la place ? Je serais revenue à Montréal avec de belles histoires à raconter. Au lieu de ça, je me retrouve dans une ferme, au beau milieu de nulle part. En plus, si je dis à quelqu'un que je vis dans une laiterie, on se moquera assurément de moi.

S'il Te plaît, Seigneur, donne-moi une vie normale. C'est tout ce que je demande.

ÉTÉ

L'enquête

29 août 1984.

Claudine Beaudoin et Sylvie Raymond, deux cousines de seize ans, reviennent de leur travail à la buanderie.

Gilles Tardif arrête sa voiture près d'elles et les aborde à l'angle des rues Fullum et Masson, dans le quartier Rosemont. Sans sortir de sa voiture, Tardif les invite à monter afin de les raccompagner chez elles.

Peu impressionnées, les cousines l'envoient paître et traversent le stationnement du 5500, rue Fullum pour s'éloigner de lui.

Incapable d'accepter ce refus, Tardif engage sa voiture sur le terrain et fonce sur les jeunes filles. Il tue Claudine sur le coup. Sylvie, légèrement blessée, arrive à atteindre une maison où elle demande de l'aide.

Tardif prend la fuite.

AUTOMNE

Lise

Durant l'été, les choses n'ont fait qu'empirer. J'étais sûre que la campagne réglerait nos problèmes. Pourtant, rien ne va comme prévu. Les rénovations, ce n'est pas ce qui rapproche un couple, surtout si un des deux travaille dans une autre ville. Et, quand il est là, Dominique perd du temps. Un jour, c'est la toiture qu'il pose à l'envers. Le lendemain, il prend une heure pour installer une fenêtre parce qu'il ne veut pas la mettre de niveau avant.

Sans compter les matériaux à acheter avec de l'argent que nous n'avons pas, parce qu'il sert à payer la maison dans laquelle nous ne pouvons même pas vivre. À ce rythme, je ne sais pas si nous pourrons y emménager avant l'hiver. Il le faut pourtant, car la laiterie n'est pas isolée et les nuits se rafraî-chissent déjà.

N'oublions pas les animaux! Il faut de la moulée pour les nourrir, mais l'argent manque. Mon frère nous dépanne en attendant que nos dettes de matériaux soient payées. Il nous a vendu trois cochons que l'abattoir a refusés. Lorsque je les aurai engraissés, nous pourrons les vendre et faire un petit profit. Souvent, Dominique n'achète pas assez de moulée pour la semaine. Je suis alors obligée de prendre du temps sur mon sommeil afin d'aller chez mon frère, avec les enfants, pour lui emprunter de quoi nous en sortir quelques jours.

La campagne devait d'ailleurs guérir Dominique de son mal de vivre perpétuel. Comment nommer ça autrement? Il n'est jamais bien, peu importe où il se trouve. À Montréal, il répétait que tout serait mieux après le déménagement. Il disait que tout changerait. Il pensait que le travail sur la ferme le rendrait plus serein, qu'il aurait plus de temps pour nous et pour sa musique. Il croyait être plus présent. Finalement, avec son emploi à Montréal, on ne le voit plus du tout. Et, quand il est là, il s'affaire dans la maison. Il jure qu'il songe toujours à nous quand il travaille. Pourtant, une fois ici, il dit que ça va lui faire du bien de retourner travailler. Dans tous les cas, il n'a pas l'air heureux. Sa souffrance s'ajoute à celle, plus muette, de Véronique.

Je déteste voir souffrir ceux que j'aime.

Avec tout ça, je ne trouve pas le temps de parler avec ma fille. J'essaie de rattraper mes heures de sommeil dès que j'en ai l'occasion. Avec mon travail de nuit, les corvées sur la ferme et l'ouvrage dans la maison, je n'ai plus d'énergie.

Ce qui m'attriste davantage, c'est que Véronique n'aime ni la maison ni la campagne. Elle ne dit rien, mais je le vois bien. Je sais que nous l'avons traînée de force dans notre projet, mais c'était aussi pour la protéger ! Cette maison est la seule chose que nous pouvions nous offrir.

Mais il est impossible de tout fuir...

Véronique

Dans ma classe de troisième année, il y a une fille qui s'appelle Linda. Petite, maigre, teint foncé, cheveux bruns toujours coiffés à la mode, vêtements plus beaux que tout ce que les autres portent à l'école... Bref, elle a tout de suite remarqué que nous n'étions pas du même monde.

Les premiers jours, elle me regarde avec un sourire moqueur chaque fois que je parle. Ensuite, elle laisse échapper de petits rires quand j'entre dans la classe. Au début, je crois que c'est parce que je ne suis pas très sportive, alors qu'elle l'est beaucoup. En éducation physique, je ne réussis pas à attraper les ballons et je ne lance pas assez fort, même en comparaison des autres filles.

Et ça, Linda et ses amies l'ont remarqué. Une fois, alors que je m'approche pour jouer avec elles, Linda me lance :

— Eille, gros nez ! T'es pas dans notre équipe.

Ses amies pouffent de rire.

Gros nez ? Je ne savais pas que j'avais un gros nez. Est-ce que c'est pour ça qu'elle me regarde de travers depuis la rentrée ? Elle me trouve laide. Je ne me suis jamais considérée comme belle, mais jamais on ne me l'avait confirmé. Maintenant que je suis fixée, je saurai à quoi elle pense si elle me dévisage. Je n'aurai plus besoin de déchiffrer les murmures moqueurs qu'elle échangera avec ses amies.

— Va-t'en, gros nez ! répètent celles-ci.

Je m'éloigne pour me réfugier près du mur de l'école. Le sentiment de rejet, l'annonce de ma laideur, la méchanceté de ces filles. Je m'appuie contre la brique pour pleurer.

D'une journée à l'autre, ça ne fait que s'aggraver. Dans les yeux de Linda, je lis du mépris et de la haine. Au dîner, ses amies et elle m'observent avec dégoût pendant que je mange mon sandwich. Il n'est pas rare que j'abrège mon repas malgré la faim, seulement pour ne plus supporter leur regard.

Je ne dis rien de tout ça à la maison. Je préfère vivre un enfer à l'école plutôt que de rester chez moi. Cette cabane affreuse me rappelle ma vie, celle que j'ai mise de côté, celle de la petite fille agressée. La maison, c'est la famille. La famille, c'est la chose que je n'ai plus depuis que je suis morte dans le sous-sol où François m'a enfermée.

Malgré la méchanceté de Linda, j'aime l'école. Je m'y sens valorisée. Quand je réussis, l'enseignante me félicite. À la maison, même si je travaille bien, on me critique. Et, si j'ai de la difficulté, au lieu de m'encourager à persévérer comme on le fait à l'école mes parents réagissent en m'expliquant qu'on ne peut pas tout réussir dans la vie. En classe, lorsque je demande de l'aide, l'enseignante se penche près de moi et on lit la question ensemble. Elle ne veut pas que j'abandonne. Pas question de passer à un autre numéro tant que celui-là n'est pas complété. J'aime cette vision de la vie. Souvent, des élèves font semblant d'être malades pour retourner chez eux. Moi, je fais semblant que tout va bien pour être certaine d'aller à l'école.

Et il y a François. Rien à voir avec le François de Montréal. En fait, je ne considère même pas qu'ils portent le même nom. Mon François est blond et sportif. C'est le plus beau gars du monde. Les traits de son visage sont carrés. Il a l'air plus vieux que les autres garçons de la classe. Le jour où il arrive à l'école avec un chandail des Nordiques, mon cœur fait un bond. Même si je me trouve laide, et que ça ne marcherait jamais entre nous deux, je ne résiste pas à l'envie de m'imaginer avec lui. Il est si souvent dans mes pensées que j'en parle un peu à Nathalie et aux rares amies que j'ai.

Si bien qu'un jour, pendant l'heure du dîner, François vient me voir. Il s'agenouille près de moi. Tout le monde autour nous regarde. Tout le monde sait.

— J'ai entendu dire que tu m'aimes. Ben, moi aussi, je t'aime. Si tu veux…

— Hein?! Qui t'a dit ça?

C'est sérieux? Il m'aime! Mais est-ce vrai? Je vois bien que la bande à Linda nous observe du coin de l'œil. Je suis si laide. Impossible qu'il s'intéresse à moi pour vrai. Ce doit être une blague. Il se moque de moi. Il s'est arrangé avec Linda pour me faire passer pour une conne, devant toute l'école au complet. Il ne m'aura pas.

— Je ne sais pas qui t'a raconté ça, mais c'est pas vrai.

Il a l'air déçu. Oh non! Peut-être qu'il était sincère, finalement. Je crois que je viens de rater la chance de ma vie!

François se relève.

— Pas grave. De toute façon, je voulais pas de blonde.

Il se donne le beau jeu. Si seulement j'avais su qu'il était sérieux!

Lise

Je suis au poulailler en train de réparer les vieilles cages que mon père nous a données. Véronique arrive de l'école et fonce dans la laiterie sans me saluer. J'ai eu une mauvaise nuit au travail et je dois avoir dormi une heure durant les deux derniers jours parce que je m'affaire au poulailler. Je suis épuisée, j'ai une autre nuit de travail devant moi et je ne pourrai sûrement pas dormir avant d'y aller. Malgré tout, je tiens à savoir ce qui se passe.

J'entre dans la laiterie. Véronique est assise sur le divan-lit. Elle a l'air triste, mais elle ne pleure pas.

— Est-ce que ça va ?

Elle lève des yeux affligés mais durs vers moi.

— Les filles de l'autobus sont connes. Elles disent que j'ai un gros nez.

Parle, Lise, parle. *Ne les écoute pas. Tu n'as pas un gros nez. Tu as le plus beau nez du monde.* J'aimerais la prendre dans mes bras et la consoler. Je devrais. Il le faudrait. Mais je bloque. Incapable de faire quoi que ce soit. C'est comme si j'étais témoin d'un crime. J'assiste à quelque chose de mal, mais je suis figée sur place. Et j'ai toutes ces préoccupations qui me prennent la tête. La fatigue, la maison, Dominique, Véronique, les poules.

Les poules ?

Une des poules que mon amie m'a apportées vient picorer près de mes pieds. Les poules ! Je sors de la laiterie à la course. Il ne faut pas que les poules se sauvent !

Pendant que j'attrape les volailles qui se promènent librement dans l'étable, je me promets de reprendre cette discussion-là au souper.

Mais, au souper, beaucoup d'autres choses me turlupinent. Je calcule les dépenses des poules en espérant que le nombre d'œufs qu'elles ponderont sera suffisant pour rembourser la moulée.

Ensuite, c'est la routine du soir avec Carl, puis ma préparation pour aller travailler, et rassurer Véronique me sort complètement de la tête. Ce n'est qu'à ma pause, vers minuit, que j'ai une pensée pour ma fille.

Véronique, je sais que tu es forte et que tu peux tout surmonter. J'espère que tu réussis à oublier ce qui t'a fait souffrir.

HIVER

Véronique

Je suis des cours de karaté depuis le début de l'année. C'est à la fois pour me donner confiance en moi et pour me défendre, selon mes parents. En décembre, alors que les examens arrivent, l'angoisse de ne pas être à la hauteur me saisit.

— J'arrête le karaté. C'est trop difficile.

— C'est correct, Véro, me rassure mon père, continue pas si t'en as pas envie.

Ma mère est plus sévère.

— D'accord, mais tu dois rembourser la différence du prix du cours.

Dans mon compte, nous retirons quelques jours plus tard une somme d'argent « représentative ». Ma mère m'assure que c'est le meilleur moyen pour apprendre la valeur des choses. De son côté, mon père revient à la maison en annonçant qu'il nous a inscrits aux jeannettes.

— Nous ?

— J'ai donné mon nom pour être animateur !

Nous venons à peine d'emménager dans la maison que mon père souhaite recommencer à dormir dans un sac de couchage ! Même si c'est extrême, je suis touchée par son geste.

C'est ainsi que, chaque vendredi, je me retrouve dans le sous-sol de l'église avec mon père et une douzaine d'autres filles. Les jeannettes sont super accueillantes. Aucune ne me rejette ou ne se moque de moi. Personne ne me dévisage. Sans être la grande amie de toutes, je m'entends bien avec chacune des filles du groupe. C'est là que je rencontre ma meilleure amie, Annie Rivard. Annie, la fille au visage rond et aux cheveux bouclés qui porte toujours des espadrilles. Trente ans plus tard, notre amitié sera toujours aussi grande.

J'ai souvent voulu retrouver ma vie d'avant mon enlève-ment. Dieu m'a entendue, mais il s'est trompé et m'a redonné mes parents d'avant. Ceux qui se fâchent pour rien, qui me crient après, qui m'imposent trop de responsabilités. Ça a pris un temps, mais leurs anciennes habitudes sont revenues. Retour à zéro. Comme si rien n'était arrivé. On me traite comme une petite fille normale. Même si c'est ce que je souhaite, j'aimerais aussi qu'on se souvienne qu'on m'a détruite. Que je ne m'aime pas. Que je me trouve hideuse. Quelqu'un peut-il prendre en compte que j'ai souffert et que j'ai besoin d'être embrassée ? Je réclame une maman qui me serre dans ses bras, pas une mère qui me serre le bras en me traînant vers l'étable pour que je nettoie l'enclos du poney.

— C'est toi qui voulais ce maudit poney-là !

Chaque fois que quelque chose ne va pas, mes parents se mettent en colère et hurlent contre moi. Ils menacent de se débarrasser du poney. Ils savent que je l'aime beaucoup, mais il n'est pas *à moi*. Je ne suis qu'une enfant de neuf ans qui n'a jamais appris à s'occuper d'un animal.

Lorsque mes parents se fâchent, je me réfugie dans ma chambre pour pleurer. Je me répète que je suis méchante et que je n'ai pas le droit de vivre. Je mérite la mort. Pourquoi ne suis-je pas morte ce jour-là ? Pourquoi suis-je sortie ? J'aurais dû baisser les bras et disparaître pour de bon dans le sous-sol humide de cet immeuble désaffecté.

Si je mourais, je ne décevrais plus mes parents. Ils pourraient s'occuper de Carl et l'élever sans rater son éducation. Ils en feraient un petit garçon responsable, beau et intelligent. Ils n'auraient même pas besoin de lui parler de moi.

J'ai une vision. Mes veines s'ouvrent. Mon sang s'écoule à grands flots jusqu'à ce que je sois vidée. *Dieu, viens me chercher. Aide-moi à quitter ce corps.* Je souffre et, tout ce qu'on trouve à faire, c'est me reprocher d'être une incapable. J'aurais dû mourir et je suis toujours vivante.

Chaque fois, je me perds dans le trouble de mes pensées et m'endors d'épuisement. À mon réveil, la tête reposée, j'arrive à peser les bons et les mauvais côtés de ma vie. Mes réussites à l'école, mes amies et les jeannettes me changent les idées et me donnent une raison de vivre.

Et le temps passe. Avec le premier anniversaire de Carl, je célèbre aussi la fête de mon enlèvement.

QUATRIÈME PARTIE

1985

L'enquête

28 juin. L'enquête sur la mort de Claudine Beaudoin ne mène à rien. La seule piste encore viable, celle de la plaque d'immatriculation, n'aboutit pas. Pour cette raison, les policiers étendent leurs recherches à toutes les Plymouth Horizon du Québec. C'est ainsi qu'ils tombent sur le modèle 1979 stationné chez Gilles Tardif. Après une brève vérification, ils constatent que la plaque a été volée à une Plymouth Horizon de même couleur.

Qui plus est, le physique de Gilles Tardif correspond au portait-robot qui circule dans Pointe-aux-Trembles depuis des mois. Cet homme est recherché pour des violations de domicile, des vols et des agressions. Les journaux l'appellent «le violeur aux gants noirs». Dans la résidence de Gilles Tardif, on retrouve le couteau et les gants associés à son *modus operandi*.

Dès le lendemain, une vingtaine de victimes reconnaissent leur agresseur lors d'une séance d'identification. En interrogatoire, Tardif avoue avoir commis plusieurs violations de domicile, durant lesquelles il violait les femmes avant de dérober leurs biens. Il avoue aussi avoir enlevé et agressé des enfants.

3 juillet. Durant sa première comparution, Tardif se voit refuser sa remise en liberté en attente de l'enquête. Jusqu'à maintenant, ce sont soixante-dix-huit dénonciations qui l'accablent. Devant vingt-cinq accusations de séquestration, dix-neuf d'agression sexuelle, quinze d'introduction par effraction, neuf de vol avec violence, sept d'enlèvement, une de voies de fait, une de recel et une de sodomie, le juge considère Tardif comme trop dangereux.

Lise

Un matin, le téléphone sonne. Au bout du fil, c'est un agent de police qui dit être le responsable du dossier de Véronique.

— Nous avons arrêté un homme qui a avoué plusieurs enlèvements, dont celui de votre fille.

— J'espère qu'il aura une sentence à la hauteur de son crime.

— Mais il faut qu'elle l'identifie…

Mon Dieu, non, s'il Te plaît!

— … si on veut ajouter son chef d'accusation à ceux qui pèsent déjà sur lui.

C'est horrible! Je comprends ce qu'il m'explique, mais je n'arrive pas à croire ce qu'il ose me demander. Je prendrai le temps de préparer Véronique.

— Quand doit-on venir? l'interrogé-je.

— Aujourd'hui.

— Quoi?

— Si vous ne vous présentez pas, m'informe-t-il, nous ne pourrons pas ajouter votre fille à la liste des témoins visuels.

— Pourquoi n'avez-vous pas appelé plus tôt ?

— Vous m'en voyez désolé, madame. Le dossier de Véronique date d'avant les autres infractions du suspect, alors il nous a fallu du temps pour remonter jusqu'à lui.

Je ne veux pas éveiller de souvenirs douloureux, mais il faut que cet homme paie ses crimes. J'hésite. Suffisamment pour que l'agent se racle la gorge.

— Oui, d'accord. Laissez-moi aller chercher ma fille à l'école. J'en ai au moins pour deux heures.

— Nous vous attendrons.

À l'école, la secrétaire ne pose pas de questions. Véronique arrive bientôt avec son petit sac à dos et sa boîte à lunch. Elle est encore la fillette innocente qu'un homme mauvais a trahie. Si seulement je pouvais dire quelque chose... Mais j'en suis incapable.

En chemin, je cherche en vain un sujet de conversation. Je refuse de lui révéler tout de suite pourquoi nous allons à Montréal. La radio s'assure de ne laisser aucun silence planer entre nous.

— Qu'est-ce qu'on va faire ? finit-elle par me demander.

Je suppose que j'ai suffisamment attendu.

— La police a besoin que tu identifies celui qui t'a enlevée.

Elle n'ajoute rien. J'essaie de voir sa réaction en gardant les yeux sur la route, mais elle est impassible. Comment prend-elle la nouvelle ? Peur ? Inquiétude ? Détermination ?

Pose la question.

Ce n'est pas l'envie qui manque, mais ça ne sort pas. J'ai un nœud dans la gorge qui retient tous mes mots.

Au poste de police, on nous a placées dans une salle où l'un des murs est un miroir sans tain. De l'autre côté, il y a six jeunes hommes qui ne peuvent pas nous voir. Nous, nous les apercevons très bien. C'est une vision d'horreur. L'un de ces étrangers a avoué avoir séquestré ma fille. Un agent s'adresse à Véronique.

— Ils vont s'avancer dans l'ordre pour que tu les voies mieux.

Ils sont tous semblables. Mi-vingtaine, taille moyenne. Des cheveux bruns, ni courts ni longs, coiffés à la mode. Des yeux mornes, un nez plat et des lèvres banales. Bref, ils n'ont pas de traits qui les distinguent des autres êtres humains. Aucun d'eux n'a «monstre» ou «violeur» gravé sur le front. Pourtant, Véronique, elle, voit des différences.

— C'est le numéro deux qui lui ressemble le plus.

— D'accord, dit le policier. Maintenant, ils vont parler chacun leur tour. Écoute bien et indique-moi celui dont la voix te semble être celle de François. Ça peut être un autre monsieur. Tu n'es pas obligée de choisir le même.

Même s'il ne s'appelle pas vraiment «François», il semble qu'on ait toujours conservé ce prénom pour le dossier de Véronique.

Le premier homme parle. Il prononce lentement les mots qui ont ravagé la vie de ma fille. Je ne sais pas si ce sont ces phrases exactes qu'il a dites, mais chacune d'elles me fait souffrir.

— Salut. Comment tu t'appelles ? Viens avec moi.

J'en ai des frissons. L'un de ces inconnus est le coupable. L'un d'eux a enfermé ma fille dans un sous-sol et l'a abandonnée à son sort. Un feu brûle ma trachée. Est-ce la rage ? La soif de vengeance ? À moins que ce soit simplement mon impuissance. Je suis démunie devant ce monstre. Tout ce que je peux faire, c'est être là pour ma fille lorsqu'elle voudra s'ouvrir et me parler de ce qu'elle a vécu. Ça, et respecter son silence.

Je reste près d'elle. Je surveille ses réactions. Rien ne paraît. On jurerait voir une actrice. Comme si ce n'était pas elle qui vivait cet événement. Comme si la Véronique à côté de moi n'était que le témoin de l'enlèvement de ma fille. Je déteste cette sensation. J'ai hâte que ce soit terminé.

— C'est le numéro quatre qui lui ressemble le plus, conclut Véronique.

Nous sortons de la pièce, je signe des papiers, on nous remercie en nous escortant à la sortie.

— Pourrez-vous nous confirmer qu'elle a bien identifié son...

Un agent se penche vers Véronique.

— Il n'y a pas de mauvaise réponse, ma grande. Merci beaucoup pour ton aide.

Il se relève et s'adresse à moi.

— Nous vous tiendrons au courant.

Véronique

Quelques jours après mon passage au poste de police, deux enquêteurs viennent à la maison.

— Nous aimerions discuter en privé avec Véronique, précise l'un d'eux à ma mère.

Elle s'en va à l'étable et nous laisse seuls.

Ils tirent quelques photos de leur porte-document. Plein de photos de «François». Ceux qu'elles représentent ressemblent tous à celui que j'ai identifié.

— Peux-tu nous dire lequel t'a enlevée?

Tous. Ils m'ont tous kidnappée. Chacun d'eux m'a forcée à me déshabiller. Je me suis mise à quatre pattes pour eux. Ils sont tous coupables de mon abominable vie.

— Lui, dis-je en désignant la troisième photo.

— Merci, ma grande.

Jamais je n'aurai de nouvelles des policiers après cela. Ni du procès ni du jugement, mais François continuera de hanter mes pensées pour toujours.

L'enquête

14 novembre. Enquête préliminaire de Gilles Tardif. Aux soixante-dix-huit accusations qui pèsent déjà sur lui s'ajoutent trente-huit autres délits. Il comparaît donc pour cent seize délits, touchant des victimes de quatre à vingt-deux ans. À la surprise de tous, Tardif plaide coupable.

1986

Lise

Cinq mois. Aucune nouvelle durant cinq mois.

Un appel. L'agent responsable du dossier de Véronique.

— Le procès commence demain, nous avons cru que vous aimeriez en être informée.

Parfait, c'est tout ce que je voulais savoir.

— Désirez-vous assister au procès ? poursuit-il.

— Non, je ne veux pas. Merci de me l'offrir.

— Pas de problème. Nous vous tiendrons au courant des développements.

— Croyez-vous qu'il s'en sortira ?

— Aucune chance, m'assure-t-il. Il a plaidé coupable à une quarantaine de chefs d'accusation.

— Alors, ne m'appelez plus.

Lorsqu'elle revient de l'école, je ne dis rien à Véronique. Pourquoi la replonger là-dedans ? Inutile. Elle va bien, elle a de nouvelles amies, et ses notes s'améliorent. C'est signe qu'elle va mieux. Pas question d'éveiller ce monstrueux fantôme.

La police respecte ma demande. Je ne reçois plus d'appel. Je ne connais même pas le résultat du procès. Je protège Véronique, mais moi aussi. Je refuse de le voir. Je ne veux pas savoir si c'est le numéro deux ou le quatre qui a séquestré ma fille. Je n'ai pas envie de le rencontrer. Les médias s'attendraient à ce que je lui parle, à ce que je leur parle. Peut-être même à ce que je lui pardonne.

Jamais de la vie. Qu'il brûle en enfer.

L'enquête

Avril. Durant son procès, Gilles Tardif reconnaît qu'il est un danger pour la société. Les rapports psychiatriques indiquent qu'il souffre d'un désordre de la personnalité et qu'il est incapable de contrôler ses pulsions. Il plaide coupable aux trente-neuf chefs d'accusation auxquels il fait face.

Mai. Gilles Tardif reçoit trente-cinq sentences d'emprisonnement à perpétuité.

Véronique

En cinquième année, une nouvelle élève se joint à notre classe. Avec ses poils foncés sur ses bras et ses sourcils épais, elle ressemble à un garçon. Elle ne sourit jamais et dégage une odeur de tabac. Même si elle n'a pas l'air particulièrement gentille, j'ai pitié d'elle. Je me souviens de ce que c'est, être la nouvelle de l'école. À la récréation, je vais à sa rencontre.

— Salut, moi, c'est Véronique.

— Cathy.

— Si tu veux, on peut être amies.

Pour le dîner, je l'invite à s'asseoir avec moi. Les jours qui suivent, nous passons tous nos temps libres ensemble. Cathy tient énormément à être ma meilleure amie. Elle veut qu'on parle, elle me pose des tonnes de questions. Quelquefois, elle insiste beaucoup trop. Malgré les jours qui défilent, je n'arrive pas à m'habituer à son haleine de tabac. Elle est jeune pour fumer, mais elle se fout de ce que les adultes disent.

Au cours des semaines, je remarque que certaines de mes amies s'éloignent. Je passe tellement de temps avec Cathy que j'en ai moins à consacrer à Nathalie et à Annie. Pendant les fins de semaine, je vais souvent chez Cathy. Sa mère m'aime beaucoup. Elle répète que je suis fine et que je suis un bon exemple pour sa fille. Je pense que ça dérange ma compagne, mais elle ne dit rien. Parfois, j'ai l'impression qu'elle veut me garder pour elle et être ma seule amie.

Un jour, nous sommes chez elle, et elle me montre les savons décoratifs que sa mère a mis dans la salle de bain. Elle en prend un.

— Imagine comme on doit sentir bon quand on se lave avec ce savon-là ! me lance-t-elle.

— Moi, de toute façon, je ne peux pas me laver avec des savons parfumés. J'ai des réactions allergiques.

La première chose que m'apprend Annie la semaine suivante, c'est que Cathy a raconté à tout le monde que je ne me lavais pas. À la récréation, j'en parle à Cathy.

— J'ai jamais dit ça, me jure-t-elle.

Elle paraît sincère, mais je doute. Elle a déformé ce que je lui ai dit pour me faire passer pour une malpropre, mais pourquoi ?

Après l'école, nous allons chez moi. Nous jouons avec mes poupées et nous leur mettons des bijoux. Soudain, j'ai l'idée de montrer à Cathy le bel anneau que j'ai acheté à ma mère pour sa fête.

Nous allons dans la chambre de mes parents et j'ouvre le coffre à bijoux de ma mère. Son anneau est là. Il n'a pas une grande valeur, mais ma mère l'a rangé avec ses plus beaux bijoux parce qu'il est merveilleux.

— Wow! s'exclame Cathy. C'est beau.

— On retourne jouer?

Je range tout. Dans ma chambre, nous continuons à nous amuser jusqu'au souper. Cathy retourne chez elle.

Le soir arrive. Je prends mon bain pendant que ma mère se prépare pour aller travailler. Je l'entends m'appeler.

— Qu'est-ce qu'il y a?

— Es-tu venue dans ma chambre? me demande-t-elle.

Je n'ai rien à me reprocher, je n'ai pas à mentir.

— Oui, pourquoi?

— Mon coffre à bijoux est tout à l'envers, et je ne trouve pas l'anneau que tu m'as donné.

Non! Cathy aurait-elle pu?... Je n'ose pas y croire. Elle n'est pas toujours gentille avec moi, mais ce serait exagéré qu'elle ait fait ça.

En me couchant, je me promets de questionner Cathy au matin, mais la nuit efface mes soucis et, le lendemain, je choisis de ne pas en parler. Je n'ai pas des dizaines d'amies, je ne veux pas perdre Cathy, même si elle me nuit.

Le temps passe rapidement. Au fil des étapes, mes notes augmentent. L'été file comme un éclair et, sans que je m'en rende compte, ma sixième année est sur le point de se terminer en beauté.

Me voilà dans le cours d'éducation physique, le dernier avant les vacances, et nous sommes en plein milieu d'une partie de ballon-chasseur. Comme le destin est cruel, Linda et ses amies ne m'ont jamais oubliée durant toutes ces années, et elles ont toujours adoré jouer contre moi. Je n'ai pas amélioré mes capacités physiques, et c'est par dépit que mon équipe m'a choisie, en tout dernier.

J'ai rarement l'occasion d'avoir le ballon avant d'être éliminée par Linda ou une de ses amies mais, aujourd'hui, c'est la fille à mes côtés qui est touchée, et je réussis à reprendre le ballon. Je me retourne aussitôt vers l'autre équipe. Patricia, la meilleure amie de Linda, est dans ma ligne de mire. Elle ne me regarde pas. Je lance le ballon de toutes mes forces. Cette fille n'est pas que Patricia, elle est aussi Linda, Claudia, et toutes les choses détestables que j'ai vécues depuis mon arrivée ici.

Oh! La joie qui s'empare de moi est indescriptible. Lorsque le ballon s'écrase avec puissance contre le visage de

Patricia, c'est toute la rage de mon primaire qui la frappe. Elle est propulsée en arrière tant le coup est puissant. *Bang!* D'un seul lancer, je fais la paix avec le mal que j'ai enduré. Je ne suis pas guérie, mais ça me procure un bien incroyable!

À cet instant précis, je me persuade que ce geste met fin à mes problèmes avec les autres filles et que je ne souffrirai plus à l'école. Juste à temps pour le secondaire.

Je me trompe, bien sûr.

CINQUIÈME PARTIE

PREMIÈRE SECONDAIRE

Véronique

J'ai bon espoir de me fondre dans la masse. Au primaire, mon statut de «nouvelle» me collait à la peau. Ici, nous sommes tous nouveaux. Après avoir enduré les insultes de Linda et de ses amies pendant quatre ans, j'aimerais bien qu'on m'oublie un peu. Véronique Rocheleau ne sera pas la «rejet» ni celle dont on se moque parce qu'elle est différente.

Ma mère accepte de m'amener magasiner. Ensemble, nous achetons deux pantalons et trois chandails. C'est la première fois que j'ai autant de vêtements neufs et qu'ils ne sont pas cousus par ma mère! Ça, ça va m'aider à passer inaperçue.

L'autre élément favorable de ma rentrée scolaire: je ne connais personne dans mes cours. Aucun camarade du primaire pour trahir mon identité passée. Pourtant, rien n'est parfait. Comme Annie n'arrivera au secondaire que l'année prochaine et que Nathalie a pris une case avec une autre fille, je me retrouve avec ma seule autre amie, Cathy.

Parfois, elle peut vraiment être désagréable. On dirait qu'elle essaie de me blesser ou de me faire pleurer. Ça commence dès la première journée, dans l'autobus.

Je monte, je regarde les sièges à la recherche de quelqu'un que je connais. Personne, sauf Cathy, qui me fait signe de la rejoindre.

Aussitôt que je m'assois, elle se met à chuchoter.

— Quand t'es rentrée, tout le monde s'est mis à rire.

— Comment ça? Qu'est-ce que j'ai fait?

— Ils riaient de ta maison. Ils disaient que c'était une grange de pauvres.

— T'es pas sérieuse?

Moi qui pensais que mes vêtements suffiraient à donner le change!

— J'te jure. Y a même des filles qui ont dit que ton linge était laid.

Humiliation totale.

Dès ce premier jour, chaque fois que je vois deux filles parler ensemble quand j'entre dans l'autobus, je m'imagine qu'elles sont en train de rire de moi. Cathy m'a transformée en paranoïaque. Durant des mois, je lis du mépris dans le moindre sourire des élèves que je ne connais pas.

Quelques jours avant Noël naît mon second petit frère, Alix. Ma mère est épuisée, mon père ne peut pas se permettre de prendre congé, alors je me retrouve seule, un 24 décembre. C'est la fête sur terre, et il n'y a aucune décoration d'accrochée chez moi. Aucun souper n'est prévu non plus. J'ai le cœur lourd. J'imagine une boule de Noël épineuse coincée dans ma gorge. Au moins, demain, ce sera la fête familiale que j'attends toute l'année, celle où je revois mes cousins de Montréal. J'ai tellement hâte !

Sur l'heure du dîner, mon père vient manger.

— Faut oublier la fête des Rocheleau. On est trop fatigués pour y aller, souffle-t-il.

Je passe le reste de la journée à pleurer dans ma chambre. Je n'arrive pas à comprendre pourquoi ils ont voulu un troisième enfant, alors qu'ils ne sont même pas présents pour les deux premiers. Je hais ma vie.

Vivement une nouvelle année.

Lise

À l'entrée au secondaire de Véronique, ça me frappe en plein visage : nous sommes d'un autre monde. À la rencontre avec les enseignants, j'écoute les mères parler et je suis surprise par leurs propos.

— Moi, ma fille part jamais de la maison sans un fruit ni un yogourt. Je lui prépare toujours des sandwichs santé.

— Avec les thermos, je peux même lui laisser une soupe ou du bouilli. Je lui donne une barre de céréales, aussi.

Et les autres mères ajoutent à leur tour ce qui fait que leurs lunchs sont les meilleurs.

Réveillez-vous ! Vos enfants sont au secondaire, laissez-les choisir ce qu'ils mettent dans leurs lunchs ! Je comprends mieux pourquoi Véronique proteste tout le temps quand je lui demande de s'occuper de son dîner toute seule. Si elles sont les fillettes de ces femmes, ses amies doivent encore se faire couper leur viande au souper.

À douze ans, une fille est capable de déjeuner seule et de préparer son repas du midi. Tout est dans les armoires, il lui suffit de choisir ce qu'elle préfère. À cet âge, je devais m'occuper seule de mes frères et sœurs en plus de cuisiner, et de faire le ménage et le lavage. Mes devoirs, je les complétais le soir, après toutes mes tâches. Et j'y arrivais !

Non seulement Véronique a de la difficulté à prendre des responsabilités, mais il faut toujours que je lui rappelle de faire ses devoirs.

J'ai dû grimacer, parce qu'une des mères m'adresse la parole.

— Vous, est-ce que votre fille chiale sur ce que vous lui mettez dans son lunch ?

J'emprunte l'air le plus sérieux du monde.

— Ma fille est assez grande pour faire son lunch toute seule.

Ça leur coupe le sifflet pour de bon. Les femmes se réfugient dans un silence empreint de malaise – pour elle – jusqu'à ce qu'elles soient appelées par les enseignants.

J'ai une pensée pour la mère de Nathalie. Chaque fois que je vais chez elle, je ne peux pas m'empêcher de sursauter quand je la vois servir du jus à ses enfants. Je lui ai déjà demandé pourquoi elle faisait ça. Elle m'a répondu que les enfants risquaient de renverser la cruche de jus.

Incroyable.

S'ils n'essaient jamais quoi que ce soit, ils n'arriveront à rien dans la vie. Voilà ce que je pense.

Une seconde, une fraction de seconde, je vois Véronique, enfermée dans le sous-sol de l'immeuble désaffecté. C'est sa débrouillardise et sa détermination qui lui ont permis de sortir de là. Mais comment expliquer à ces mères que la débrouillardise de leurs filles pourrait leur sauver la vie sans jeter un froid supplémentaire ?

Les enseignants n'ont que de bons mots en ce qui concerne Véronique. Le professeur de musique m'avoue être déçu de savoir qu'elle n'a pas choisi le programme enrichi en musique proposé par l'école. Elle a passé tous les tests, mais elle a reculé à la dernière seconde. Que pouvais-je faire ? Sinon lui montrer ma déception…

Les enseignants soulignent cependant que Véronique paraît souvent déprimée, mais qu'ils n'arrivent pas à la faire parler.

J'ai mes doutes sur la source de ce problème. J'ai moi aussi remarqué que Véronique revient souvent de l'école avec un air contrarié. Parfois enragé, même.

Un après-midi de la semaine suivante, je lui fais face.

— Qu'est-ce que t'as ? Pourquoi t'es bête comme ça quand tu reviens de l'école ?

— Sais pas.

S'il y a bien une chose qui est évidente, c'est qu'une adolescente qui dit qu'elle ne «sait pas» ne veut simplement pas parler, alors qu'elle connaît très bien la réponse.

— Les filles te niaisent encore?

Marmonnement négatif. Message reçu. Je persiste quelques minutes encore, puis ça sort.

— C'est Cathy. Elle est méchante avec moi. Elle dit des affaires...

Je n'ai jamais beaucoup aimé cette fille-là. J'ai remarqué que Véronique n'amène plus beaucoup d'amies à la maison depuis qu'elle fréquente Cathy.

— Si elle n'est pas gentille avec toi, ne reste pas amie avec elle. Éloigne-toi avant qu'elle te détruise.

— Mais c'est ma seule amie! s'exclame-t-elle.

— As-tu déjà pensé que c'est peut-être à cause d'elle que tu n'as plus d'autres amies?

Elle se tait. J'ai marqué un point. Elle comprend.

De mon côté, ma première réflexion est de me demander pourquoi elle reste amie avec une fille qui ne la respecte pas. Ensuite, je constate que c'est peut-être notre faute. Après tout, il arrive souvent que nous nous manquions de respect entre nous. La semaine dernière encore, nous faisions la vaisselle quand Véronique m'a traitée de conne parce qu'elle était fâchée d'avoir à nous aider. Je n'ai rien dit. Dominique s'est mis à rire. Probablement parce qu'il était surpris, mais ça m'a insultée. Le lendemain, au souper, elle a dit que ça goûtait «la marde». Dominique lui a donné une claque derrière la tête. Une claque puissante.

— Parle pas comme ça à ta mère! Elle a travaillé fort pour te faire à souper!

Là aussi, je n'ai rien dit.

Et maintenant, alors même que je lui conseille de ne pas s'attacher à ceux qui ne la respectent pas, je donne à Véronique l'exemple contraire. Je déteste cette prise de conscience qui me fait culpabiliser.

C'est insupportable parce que je n'y peux rien. Je me sens impuissante. Dans de telles situations, je me tais. Et j'essaie d'escamoter le souvenir. J'oublie que je ne suis pas la mère que j'aurais voulu être, et que j'aurai beau donner tout ce que j'ai, je ne serai jamais aussi parfaite que je le souhaitais.

Et si c'était *lui*, le responsable de tout ça? Si c'était François qui avait détruit la confiance de Véronique? Et la mienne. Ma confiance en moi, elle est restée enfermée dans le sous-sol en terre battue. Depuis l'enlèvement, je dois composer avec la preuve irréfutable que je suis une mauvaise mère!

Ma fille, chaque jour qui passe, je me souviens des événements. Chaque fois que je vois ton visage, je dois me rappeler que je suis la mère qui n'a pas sauvé sa fille.

Comment puis-je exiger du respect quand je ne me respecte pas moi-même?

DEUXIÈME SECONDAIRE

Véronique

En deuxième secondaire, je me tourne vers Cathy afin qu'elle m'aide à m'intégrer. Je vois bien que ceux qui fument sont moins rejetés que les autres. En descendant de l'autobus, je demande à mon amie de me donner une cigarette.

— Y était temps.

Elle me tend son paquet et son briquet. Dès que la flamme s'allume, j'aspire une grosse bouffée et… je m'étouffe! Ça brûle comme du feu! J'avais essayé avec Nathalie, l'année dernière, mais je n'avais pas aimé. Aujourd'hui, je choisis de devenir fumeuse. Aujourd'hui, après avoir toussé un bon coup, je prends une nouvelle bouffée. Celle-là brûle déjà un peu moins. Je recommence. Devant la porte de l'école, je fume toute ma cigarette avec Cathy. J'ai des étourdissements, et ma bouche goûte le cendrier.

— Dans deux ou trois jours, tu t'en apercevras plus.

À la récréation, la cigarette que Cathy me vend passe comme rien. Je suis une fumeuse. J'ai déjà l'impression que les autres me regardent différemment.

Avec les semaines, ma confiance semble augmenter au même rythme que mon irritation contre Cathy. Elle commence réellement à me faire chier. Dès que je me sens bien, elle m'insulte. Elle tente sans arrêt de me rabaisser. Et je remarque qu'elle agit comme ça avec tout le monde. L'année dernière, ma mère m'a conseillé de la laisser tomber, mais je n'en ai pas eu la force. Je me suis dit que ça passerait. Ça m'aura pris du temps, mais je décide de suivre son conseil. Je ne m'assois plus avec Cathy dans l'autobus et je ne mange plus avec elle. La seule fois où on échange un mot, c'est lorsque j'ai enfin le courage de poser une question qui me chicote depuis longtemps.

Je passe près d'elle, dans la cafétéria, et je m'arrête à sa hauteur.

— Te souviens-tu de l'anneau de ma mère, celui que je t'ai montré la première fois que tu es venue chez moi ?

— Oui.

— Ma mère ne l'a jamais retrouvé.

— Je l'ai volé. Je le trouvais beau.

J'aurais dû le demander plus tôt!

— L'as-tu encore?

Son visage reste impassible.

— Non. Je dois l'avoir perdu. Ou je l'ai jeté. J'sais plus.

Quelqu'un d'autre lui aurait peut-être sauté à la gorge. Moi, je change de case. Un geste que j'aurais dû poser l'année dernière, vu la facilité avec laquelle ça se fait.

Je me retrouve avec Julie, une grande fille maigre qui, comme moi, est très douée à l'école. Quand j'ai une bonne note, elle me félicite au lieu de faire comme Cathy et de me dire que c'est seulement de la chance. En partageant ma case avec elle, je vois à quel point Cathy est malpropre. Mes cartables ne sentent plus la cigarette ni l'humidité, et Julie n'a ni les doigts tachés par le tabac ni les dents jaunâtres. Bref, elle prend soin d'elle.

Mais nous ne sommes pas amies. Nous n'avons pas les mêmes goûts, et nos opinions sont différentes sur tout. L'ambiance n'est donc pas au beau fixe. Dans mon cours de mathématiques, le prof nous change de place. La nouvelle fille qui se retrouve à côté de moi se nomme Stéphanie. Elle me ressemble beaucoup. Nous sommes toutes les deux grandes et minces. Nous n'avons ni hanches ni poitrine. J'adore sa coupe de cheveux au carré qui fait ressortir ses yeux bleu clair. Enfin, et surtout, elle s'habille simplement, avec des jeans et des t-shirts. Quelqu'un qui ne jugera pas mon habillement!

Quand je lui parle de mon problème de case, elle me propose de partager la sienne parce qu'elle est seule.

Et c'est comme ça que je rencontre la fille qui devient ma plus grande amie du secondaire. C'est une Française qui n'a pas d'accent, sauf quand elle parle avec ses parents. Elle a un petit frère de l'âge de Carl, alors on se comprend très bien.

Pourtant, ma confiance en moi ne se porte pas mieux. Mes notes s'améliorent, je recommence à me faire des amies, mais je n'arrive pas à me fondre complètement dans la masse. Il y a cette fille, une punk qui est fâchée contre moi parce que nous avons des coupes de cheveux qui se ressemblent. Elle clame que je l'ai copiée. Toutes ses amies se mettent à me détester. Retour au primaire, avec une gang complète qui me déteste.

Toute cette haine et ce rejet égrènent ma confiance. Je ne suis jamais heureuse. Quand je me sens seule, ce qui m'arrive assez souvent malgré mes quatre ou cinq amies, je n'éprouve que de la peine. Je me dégoûte et je ne sais pas pourquoi. Même mes bonnes notes ne comblent pas ce vide.

Parfois, je me frappe les jambes, je me pince, je me griffe au sang et je tire mes cheveux jusqu'à en arracher. Il y a cette voix en moi. Une voix qui me révèle la vérité. *Tu es laide. Tu es méchante avec tes parents. Tu mérites de souffrir.* Je m'écrase les seins, je m'écœure moi-même. Je n'aime ni mon corps ni ma personnalité. La colère qui m'envahit est indescriptible. Impossible de la gérer autrement qu'en me mutilant. J'ai à peine treize ans et je cherche un moyen de m'ouvrir la gorge tellement j'étouffe !

J'aimerais en parler, mais mes parents n'ont pas le temps. À la maison, il y a Carl et Alix, mais aussi une petite sœur en route. Eh oui ! Mes parents ont récidivé ! On n'a pas idée de faire des enfants dans une maison pareille. C'est tellement insalubre. Nous n'avons pas de place pour Alix, qui partage sa chambre avec Carl, et la mienne est toute petite. Comment mes parents s'imaginent-ils que nous allons rentrer un enfant de plus ici ?

Ma mère est toujours occupée sur la ferme, et mon père vend des assurances le soir pour arrondir les fins de mois, donc personne ne reste à la maison pour Véronique, sauf mes deux petits frères, dont je dois m'occuper sous peine d'être punie. Je comprends que mes parents ont beaucoup d'autres soucis. Ils n'en parlent pas, mais l'ambiance tendue et les nerfs à vif de ma mère en disent suffisamment. La seule fois où j'essaie de lui décrire ce que je ressens, ma mère est très claire.

— Si tu vas pas bien, va chercher de l'aide.

Parfait, maman, je vais t'écouter. J'irai parler à Luc.

Luc, c'est l'animateur de pastorale. C'est un beau gars dans la vingtaine. Il est doux, calme et gentil. Il m'inspire confiance. Un jour, dans le cours de religion, il nous a assuré que, si nous souhaitions discuter en toute confidentialité, nous pouvions aller le voir.

Alors, c'est ce que je fais. Quand je frappe à la porte de son bureau, il vient m'ouvrir rapidement.

— Salut, Véronique !

Wow ! Il se souvient de mon nom malgré le peu de fois où il m'a vue !

— J'aimerais parler. As-tu le temps ?

Même s'il est déjà sans malice, son visage s'adoucit davantage.

— Pas de problème. Entre.

Son bureau est à son image. C'est chaleureux, ça donne le goût de s'ouvrir et de se confier. Avec les murs beiges et les cadres religieux aux légendes tirées de passages bibliques, on se croirait dans un presbytère. Il y a deux chaises à roulettes. On s'assoit. Le rembourrage est moelleux.

— Je t'écoute.

Je lui raconte d'emblée mon enlèvement. On aurait pu croire que le morceau aurait pris du temps à sortir, mais c'est la première chose dont j'ai envie de parler. L'autobus, le sous-sol, les nuits, mon évasion. Tout. Il réagit beaucoup. « Ç'a dû être difficile. Je comprends que t'aies eu peur ! Je n'aurais pas eu ton courage. Tu as été forte.» Bref, il me dit beaucoup de choses que j'aurais aimé entendre depuis ce jour où je suis sortie de l'immeuble en ruine. Quand j'ai fini, il est déjà temps que je retourne en classe. Ça m'a fait un bien fou de rencontrer Luc. Ensemble, nous décidons de nous revoir la semaine prochaine.

Durant les semaines suivantes, je m'exprime sur mon malaise continuel. J'explique aussi bien que possible ce que je ressens à longueur de journée. Les filles qui me détestent, mon sentiment d'être à part, d'être laide, de ne pas mériter de vivre. Chaque fois, Luc me réconforte. Il me console et me rassure. J'arrive même à être bien dans ma peau, durant quelques jours, après chaque rencontre. Grâce à lui, je réussis à passer à travers les mois et l'année scolaire. Nous nous rencontrerons d'ailleurs durant tout mon secondaire.

Comme elle a déménagé et changé d'école, je n'ai pas beaucoup revu Nathalie. Maintenant que les vacances d'été pointent le bout de leur nez, ses parents acceptent qu'elle vienne passer la nuit chez moi.

Pyjamas, sacs de couchage et oreillers. Nathalie me décrit son école, les profs, les gars… Elle devient gênée.

— Quoi, qu'est-ce qu'il y a?

— Je me suis fait un chum, m'annonce-t-elle.

— Non! Est-ce que?...

Elle hoche la tête, excitée.

— Oui, on l'a fait!

— Pour vrai! Raconte-moi tout!

Je veux savoir comment c'est. Qu'est-ce qu'on ressent?
Est-ce que ça fait si mal que ça?

Pendant une bonne heure, elle me raconte sa première
relation sexuelle. Ils étaient seuls dans la maison, dans la
chambre de son amoureux. Ils se sont longtemps embrassés,
puis caressés. Il a mis un condom et il est «entré». Nathalie
mime le geste. Intrigant. Ça donne le goût de l'essayer.
Problème: je n'ai pas de gars dans ma vie. Quand j'en aurai
un, je m'y mettrai. En attendant, j'écoute Nathalie. Il paraît
que c'est sensible au début. La première fois, elle a passé son
temps à constater qu'elle faisait l'amour. Les fois suivantes,
elle s'est concentrée sur le plaisir qu'elle ressentait.

— L'important, la première fois, c'est que ton chum soit
doux. Il ne faut pas qu'il soit pressé.

Lise

Ce soir, un garçon vient chercher Véronique pour aller dans un party.

Elle a quatorze ans, faut que je me fasse à l'idée.

Quand il arrive, le fameux jeune homme gare sa voiture dans notre cour et vient cogner à la porte. C'est une occasion unique de faire connaissance, parce que Véronique est en train de se préparer. Dominique et moi nous occupons de son ami. Il est assez grand, et sa mâchoire carrée et ses courts cheveux bruns donnent à son visage un air calme.

Nous l'invitons à s'asseoir à table et commençons l'interrogatoire. Qui sont ses parents? D'où vient-il? Comment connaît-il Véronique? Depuis combien de temps? C'est ce moment-là que choisit Dominique pour dépasser les bornes.

— Qu'est-ce que tu veux faire dans la vie?

— J'y pense encore.

— Si tu veux fonder une famille, il faut que tu aies une job stable.

Regardez qui parle, monsieur Stabilité en personne! *Et de quoi tu te mêles, en plus?*

Il en rajoute.

— Tu penses t'installer où ?

— Ben là, je vis chez mes parents.

— Mais ta maison, tu penses l'acheter dans quel coin ?

J'ai envie de grogner. Ce n'est pas l'amour de sa vie, c'est un garçon qui amène Véronique dans un party. Un peu plus et Dominique va lui parler de bagues de mariage et de prénoms d'enfants !

— En tout cas, t'as l'air d'un bon gars, conclut mon mari.

Arrête ! Tu nous humilies !

Heureusement, Véronique interrompt la conversation. Dieu merci. Une fois que son copain et elle sont sortis, Dominique se tourne vers moi.

— Je trouve qu'il a l'air sérieux, toi ?

— Je pense que t'es trop vite en affaires. Laisse-la vivre. C'est le premier gars qu'elle nous présente. Si tu continues à agir comme ça, Véronique n'amènera plus jamais personne ici.

— J'insistais trop ? s'étonne-t-il.

— On dirait que tu les voyais déjà mariés.

Il sourit. J'ai raison.

— On n'a pas à se mêler de sa vie personnelle, finis-je par dire.

Il acquiesce et retourne faire la vaisselle. De mon côté, je monte à notre chambre pour coudre un peu. Alix a besoin d'un nouveau pyjama. Et je prépare un petit quelque chose pour Gabrielle, qui naîtra dans à peine un mois.

La couture m'aide à réfléchir. C'est une forme de méditation. Ce soir, je pense à Véronique. Qu'elle fréquente des garçons me rappelle son enlèvement. Ça, et tout ce que cet homme a pu lui faire. Réussira-t-elle à avoir une vie normale ? J'aurais aimé poser la question, à l'époque, lorsque j'étais assise dans le bureau du psychologue de ma fille qui jugeait ma manière de gérer ma famille.

Véronique

Tout le monde est au *beach party*. L'ami qui m'a amenée part de son côté. Le soleil se couche, le son de la musique augmente, ça sent la pub de bière. Et il y a ce gars. Assez beau, grand et blond. Une bonne humeur me saisit. J'ai l'impression que rien n'est à mon épreuve, ce soir. C'est pourquoi je danse près de cet inconnu toute la soirée. Je lui lance des regards complices et innocents en fumant mes cigarettes.

Le DJ prend le micro.

— C'est l'heure du *slow*. Dépêchez-vous si vous ne voulez pas être seuls !

Le grand blond plonge ses pupilles dans les miennes.

— Tu veux danser ?

Je hoche la tête. Oui, bien sûr ! On s'enlace. Ses bras m'entourent. La simple sensation de ses mains dans le bas de mon dos me fait fondre de plaisir. J'appuie ma tête dans le creux de son cou. Il est en sueur. Il sent l'alcool et la cigarette. Plus ça va, plus on se rapproche. On tourne à petits pas. En rond. J'ai du sable plein les chaussures. Mes pieds et mes mollets me démangent. La fin de la chanson approche.

Je sais ce qu'il me reste à faire.

Doucement, j'approche mon visage du sien. Nos lèvres se touchent. Il ouvre la bouche. Pour vrai? Il veut qu'on fasse ça? D'accord! Je l'imite. Et ça dérape. Il déploie sa langue et se met à me labourer la bouche. *Eurk!* L'odeur d'alcool me dégoûte tout à coup. J'ai de la bave tout autour de la bouche. Vivement qu'il ait fini!

Les couples se défont, et je peux enfin me libérer de l'étreinte de mon cavalier. Je m'éloigne sans même lui demander son nom. Je me dépêche de retrouver mon ami pour lui dire qu'il faut partir avant le prochain *slow*.

Quand il me ramène chez moi, il tente une approche. Il me prend par la taille. Je n'aime pas vraiment ça. J'ai la sensation profonde que c'est mal. Je ne me sens pas bien. Il m'embrasse. Correctement, lui, au moins. Mais on dirait qu'il refuse de s'arrêter là. Une de ses mains se glisse sous mon chandail. Sa main est froide sur ma peau. Une main froide... Ça ne va pas. J'ignore pourquoi, mais ça ne va pas.

— Non, attends!

Il s'arrête.

— Qu'est-ce qu'il y a? me demande-t-il.

— Je veux pas continuer. Non, je peux pas.

Il me laisse tranquille. Il comprend, on dirait. Cette étrange sensation quand il m'a touchée, je n'arrive pas à me souvenir d'où elle vient.

Sa main froide me hante toute la nuit. À ce moment-là, j'ignore que mon inconscient me ramène à l'agression de François, à ses mains gelées sur mes fesses.

TROISIÈME SECONDAIRE

Véronique

On dirait que l'école m'intéresse moins. En fait, je m'emmerde. Les bons résultats ne me font plus sourire. Je n'éprouve plus de plaisir à obtenir la meilleure note dans un devoir. Le soir, je préfère feuilleter des revues de mode et écouter la télé. C'est seulement vers minuit, quand il n'y a plus rien à regarder, que j'ouvre mes cahiers d'école et que je les remplis sans vraiment faire d'efforts.

Luc, l'animateur de pastorale, est toujours là pour m'écouter. Je lui raconte mes journées à l'école et mes soirées à la maison, sans rien lui cacher. Pas même mon anorexie.

Dans les cours, j'ai la tête ailleurs. Je pense aux mannequins. Elles sont mes modèles. Je souhaite leur ressembler. Grandes, maigres, parfaites. Moi, j'ai la peau grasse, un gros bouton toujours en train de pousser dans mon visage, un ventre mou, des cuisses larges... Rien d'enviable. Alors je cache mon corps en portant de grands chandails qui tombent jusqu'aux hanches.

Mon apparence complète me répugne. Je n'ose même pas me peigner en public. Encore moins dans la salle de bain. Je ne me regarde jamais dans le miroir des toilettes de l'école. J'ai trop peur qu'une fille entre et me surprenne en train de m'observer. Elle se dirait que je suis laide, que c'est ridicule de vouloir m'arranger parce que ça ne changerait rien.

Je suis banale, et je suis persuadée que les autres filles me trouvent fade et affreuse.

Et mon corps ne m'aide pas. Si je désire conserver mes hanches étroites, je dois faire attention. Couper le déjeuner, c'est assez facile, parce que ça me laisse plus de temps pour dormir le matin. Dans mes cours d'avant-midi, j'ai toujours une occasion de fermer les yeux. Le sommeil m'aide à oublier la faim. Sur l'heure du midi, je mange une pomme et un petit sandwich. Je ne grignote jamais rien et je compense en fumant. Je ne veux pas être grosse.

Mon programme maigreur inclut aussi une part de douleur. Chaque fois que j'ai une chance, j'appuie de toutes mes forces sur mes seins. Je rêve qu'ils restent petits. S'ils pouvaient même s'effacer, je retrouverais ma silhouette d'enfant. Si je prends des formes, je m'éloigne de mes modèles. J'aspire à la beauté. Je compte un jour être admirée comme les mannequins.

Le club de la vie étudiante organise un petit défilé de mode auquel je participe. L'expérience est incroyable, et une agence me propose de suivre un cours chez elle. Ma mère accepte de payer les frais parce qu'elle se rend compte que j'aime énormément la mode. Elle me voit toujours le nez dans les revues. Elle ignore toutefois que ce qui m'intéresse le plus, ce sont les publicités. Je suis fascinée par les images époustouflantes qui mettent en scène des femmes d'une beauté à couper le souffle. L'idée qu'un jour je puisse être regardée comme elles m'obnubile durant des heures.

À la fin de mon cours de mannequinat, je participe à une séance de photos et à un défilé. C'est en quelque sorte l'examen final. Pour le *shooting*, je ne suis pas trop nerveuse. Le photographe donne les indications, et je n'ai qu'à poser comme le font toutes ces filles que je scrute à la loupe tous les jours dans les revues. Pour le défilé, c'est autre chose.

Je me tiens derrière le rideau avec les autres filles. J'essaie de me remémorer tout ce que j'ai appris sur la démarche à adopter sur la plateforme. Je dois afficher une attitude forte, avoir l'air sûre de moi et indestructible. Quand vient mon tour, je fonce sur le *catwalk*. J'ai le cœur qui bat à cent milles à l'heure. Je crains de vomir ou de m'évanouir. Finalement, je constate que j'arrive au bout de l'allée sans problème. Je pivote comme on me l'a montré et je retourne me cacher derrière les rideaux.

Une fois le défilé terminé, les juges nous rencontrent une à une pour nous critiquer. Après tout, selon eux, il est important que nous puissions nous améliorer.

Nous sommes toutes là et attendons d'être nommées. Le juge en chef se racle la gorge.

— Bon, Véronique…

— Oui ?

— Tes photos sont superbes. Tu as su donner au photographe tout ce qu'il voulait et, surtout, tu réussis à transmettre ton unicité à travers la pellicule.

C'est vraiment à moi qu'il parle ?! Je m'enflamme. Mes joues sont brûlantes. Je vais tomber dans les pommes si personne ne parle.

— Qu'est-ce qu'il faut que je travaille ? finis-je par demander.

Ouf, ça va mieux. Je prends un peu de distance avec mon propre corps. Je sors de moi pour observer la scène avant de devenir folle. Le juge continue.

— Tu as une belle démarche sur scène. Il faudrait peut-être que tu surveilles le balancement de tes bras. Le droit est plus fort que le gauche, et ça donne une impression de maladresse.

— D'accord, merci.

Juste ça ! Ça signifie que je peux devenir mannequin !

— Dommage que tu ne mesures que cinq pieds six.

Au début, je crois avoir mal compris. Je ne bouge pas. A-t-il vraiment dit ça ?

— Pour les défilés, on accepte seulement à partir de cinq pieds sept pouces.

Sur le coup, j'enrage. On m'a trompée ! Tout ce temps, on m'a laissée croire que j'avais une chance de réussir. L'agence a toujours su ma taille, mais on a attendu la fin du stage pour détruire mon rêve !

La rage est rapidement remplacée par la déception. J'aurais tellement aimé être mannequin ! Ç'aurait donné un sens à ma vie. J'aurais été fière. Ça m'aurait procuré l'impression d'avoir réussi quelque chose de grand.

Dans les mois qui suivent, je réfléchis à ce que ce stage m'a apporté. Même si je ne deviendrai jamais mannequin, je suis belle. Toute cette expérience me le confirme. Je mérite d'être regardée et aimée. Je ne suis pas une enfant qu'on jette dans un sous-sol pour l'abandonner. Je suis Véronique. J'ai le droit de vivre.

Faites place à la nouvelle moi.

Lise

Ma belle-sœur Suzanne est venue nous visiter. Quand elle revient de l'école, Véronique salue sa tante et s'enferme dans sa chambre.

Suzanne se tourne vers moi, les yeux ronds.

— Mon Dieu qu'elle a maigri !

Je ne sais pas. Je n'ai pas vraiment remarqué.

— À l'adolescence, les formes des filles sont tellement changeantes. C'est normal, non ?

— Pas à ce point-là.

Suzanne a deux filles qui viennent de passer cet âge, alors son avis mérite d'être écouté.

— Est-ce qu'elle mange bien ? me demande-t-elle, inquiète.

Je n'apprécie pas vraiment ce ton. Est-ce un reproche ? Soudainement, je me sens incompétente.

Heureusement, Dominique arrive en avance et me permet de changer de sujet. Pourtant, la remarque de ma belle-sœur me trotte dans la tête toute la soirée. Et une bonne partie de la nuit.

Quand je termine mon quart de travail le matin et que je rentre à la maison, Véronique est déjà partie à l'école. Je n'ai aucun moyen de savoir si elle a déjeuné. Quant à son dîner, je ne fouillerai pas dans le réfrigérateur pour trouver ce qu'elle y a pris. Même si j'y arrivais, qu'est-ce qui me dit qu'elle mange ce qu'elle apporte à l'école ? Elle pourrait aussi bien le jeter.

Le reste du temps, je cuisine des repas avec le peu que nous avons. Deux adultes, une adolescente et trois enfants ; ça prend de l'imagination pour offrir les quatre groupes alimentaires à ces affamés. Avec vingt dollars par semaine, j'arrive difficilement à concevoir des repas équilibrés, mais je réussis ! C'est certain, je dois composer avec les légumineuses plutôt que les viandes, ce qui fait que mes enfants n'aiment pas toujours ce que je mets sur la table. Il arrive souvent que Véronique ne termine pas son assiette quand son repas lui déplaît. Inutile de lui promettre un dessert, nous en avons rarement.

Une fois, devant l'épicerie, un homme qui fait des sondages m'aborde.

— Quel est votre budget hebdomadaire pour l'épicerie ?

Tu parles d'une drôle de question.

— Vingt dollars.

L'homme me regarde comme si j'étais une bête de foire. Il attend que j'ajoute quelque chose.

— C'est une blague ? suppose-t-il, méfiant.

— Non, je suis très sérieuse.

Je me mets à lui expliquer comment j'utilise le lait de la vache pour cuisiner, la crème pour le beurre et le yogourt, puis le fromage cottage. Sans notre vache, nous ne pourrions même pas manger trois repas par jour.

Étendue dans mon lit, je me rends à l'évidence. Véronique cache son corps avec des vêtements trop amples. Ma belle-sœur a peut-être raison. Mais je ne questionnerai pas ma fille. Je crains qu'elle ne se sente attaquée et qu'elle ne se ferme davantage qu'elle ne le fait maintenant.

Ma belle, j'espère que tu me le dirais s'il y avait quoi que ce soit.

QUATRIÈME SECONDAIRE

Véronique

Je commence l'année scolaire à neuf. Durant l'été, j'ai croisé Julie, la fille avec qui j'ai brièvement partagé une case après Cathy. On ne s'était pas tellement reparlé depuis ce temps. Je ne l'ai pas tout de suite reconnue tant elle avait changé. Ses bottes ajustées lui montaient jusqu'aux cuisses, et elle portait des vêtements serrés qui la rendaient vraiment sexy. Quand elle m'a vue, elle m'a invitée à rencontrer sa nouvelle gang.

Une gang. Des marginaux. Du monde pas comme les autres. Ils représentaient ce que je ressentais. J'ai coupé mes cheveux à hauteur d'oreille. Une coupe au carré, rasée sur la nuque, qui disait *fuck you* à ceux qui n'aimaient pas. Je les ai teints en rouge. Rouge feu. Mascara, fond de teint pâle et rouge à lèvres carmin.

J'entre à l'école avec des vêtements à l'image de mon humeur. Je n'endosse que du noir. Quelquefois du denim. Bas de nylon troués, jupes courtes et boléros. Je porte de grandes boucles d'oreilles de métal et des anneaux assortis aux poignets. Pour bien couronner le tout, j'affiche en permanence un air dur et détaché.

Je suis la nouvelle Véronique.

Sur l'heure du midi ou quand je manque les cours, je me joins à ma gang pour traîner en ville. Parmi mes lieux préférés, il y a la pharmacie, où je vole des colorants à cheveux, et le boisé près de l'école, où je fume du *pot* avec mes amis en écoutant de la musique.

Les cours perdent tout leur intérêt. Mes notes sont en chute libre, et je passe la majeure partie de la journée à dormir. Pas étonnant. Avec tous les médicaments que j'avale pour me geler !

— Tu sais que, si tu prends assez de Tylenol ou d'Advil avec de l'alcool, tu pognes un *buzz*, me confie Julie dans un party.

Je m'y mets dès le lendemain.

Chaque jour, je prends une dizaine de cachets dans notre pharmacie. Je les avale d'un coup et je pars pour l'école. Dans l'autobus, je me demande si ça peut me détruire. Pourrais-je m'endormir pour toujours ? Ce ne serait pas très grave, au fond. J'ai beau avoir une gang, je m'en fiche. Je n'ai pas le goût de voir les autres élèves. L'école m'écœure.

En fait, pas mal tout me donne la nausée. Même la bouffe. Avant, quand je mangeais, je ne pouvais pas m'empêcher de penser que j'allais grossir. Maintenant, chaque bouchée me lève le cœur. Chaque fois que la fourchette entre dans ma bouche, il y a une petite voix dans ma tête qui se met à m'insulter.

Ne mange pas. Tu ne le mérites pas. Tu devrais te laisser mourir à la place. Tes parents ont assez de trois enfants. Ils peuvent se passer de toi. Tu leur as tellement fait de mal en te laissant enlever. Tu mérites de crever.

Alors, c'est ce que je fais. Je me laisse mourir à petit feu. Avec la drogue, les médicaments et la diète. Un soir, je refuse de laver la vaisselle. Mes parents m'interdisent de sortir avec mes amis pour me punir. Je suis tellement fâchée que je m'envoie une quinzaine de cachets de Tylenol. Si je peux mourir et qu'ils me trouvent demain matin, ça fera plaisir à tout le monde.

Julie m'appelle. On parle de la laideur du monde. Finalement, son père vient la conduire chez moi, et nous écoutons un film. Mon corps s'engourdit. Je perds connaissance.

Je me réveille le lendemain matin. Mon amie est partie. Je porte les mêmes vêtements qu'hier. Je suis toujours en vie, mais je ne sais pas si c'est ce que je veux.

Lise

Un midi, Johanne, la mère d'une amie de Véronique, me téléphone. Elle souhaite discuter de quelque chose que nos filles nous ont caché. Elle m'annonce qu'elles ont manqué les cours récemment. Pour moi, ce n'est pas une nouvelle. Je me rappelle très bien le jour où c'est arrivé, parce que Véronique me l'a avoué dès qu'elle a mis les pieds dans la maison. « Je suis pas allée à l'école cet après-midi. Les autres ont imité la signature de leurs parents. Moi, je te le dis. » Vu son honnêteté et le fait que c'était la première fois, j'ai justifié l'absence à l'école et je n'ai pas appelé les autres parents. Toutefois, j'apprends aujourd'hui que je n'ai pas eu droit à toute la vérité.

La sœur de Johanne a vu les filles près du centre commercial. Quand Johanne l'a interrogée sur sa sortie illégale, sa fille a tout avoué. Elles sont allées dans les magasins et ont volé du maquillage. Avant de partir, elles ont tout remis sur les étalages, mais elles se sont fait coincer à la sortie d'une boutique. Elles ont été amenées dans le bureau de l'agent de sécurité. Il a fouillé leur sac et n'a rien trouvé. Ensuite, il a pris leurs noms et numéros de téléphone, et les a menacées d'appeler leurs parents.

Je suis surprise, mais plus ou moins choquée. Si elle a décidé de remettre ce qu'elle a pris sur les tablettes avant de partir, Véronique ne mérite pas d'être punie. Elle n'a pas besoin que je lui parle de tout ça. Johanne a été bien gentille de me raconter les événements, mais je ne dirai rien à Véronique à propos de cet appel. Si elle me confie ce qui s'est produit, tant mieux. Elle a vécu assez de choses comme ça, je ne la dérangerai pas pour un petit mensonge.

Quelques mois plus tard, Véronique m'annonce qu'elle va camper avec Julie et deux gars. Rien de sérieux. Juste des amis autour d'un feu.

Oui, c'est ça, à d'autres.

— Véronique, viens avec moi dans ma chambre.

Elle me suit. Elle ne sait pas ce qui l'attend.

Je m'assois sur le lit et l'invite à s'installer à côté de moi.

J'ouvre le tiroir de ma commode et je prends trois préservatifs dans une boîte cartonnée. Je les tends à Véronique.

— Qu'est-ce que tu fais là ? s'exclame-t-elle. J'ai pas l'intention de…

Elle est offusquée, mais j'insiste.

— On ne sait jamais. Ce qui est certain, c'est que, si ça arrive, au moins tu pourras te protéger.

Elle accepte et s'en va.

Je suis rassurée. J'ai quatre enfants qui n'étaient pas tous prévus. Je ne regrette rien maintenant qu'ils sont là, mais j'aurais bien aimé choisir les moments où je suis tombée enceinte. Maintenant, nous ne prenons plus de risque du tout.

Est-ce que je m'inquiète trop ? Véronique s'est-elle remise de ses séquelles ?

Je te le souhaite, ma belle. Je te le souhaite tant.

Véronique

La fin de ma quatrième secondaire approche. Pour fêter ça, nous sommes plusieurs à aller faire le party dans le sous-sol d'une amie. Deux minutes me suffisent pour dénicher un beau gars. Dans les six pieds, cheveux châtains, look sportif. Il parle avec Julie.

Je me dirige vers eux. J'espère que mon amie n'est pas intéressée, parce que je voudrais bien sortir avec un gars comme lui. En m'approchant, j'entends « armée ».

— T'es militaire ? lui demandé-je.

— Oui, dans la milice.

— Dominic, Véro. Véro, Dominic, dit Julie en me lançant un clin d'œil. Bon, je vais aller me chercher une bière. Profitez-en pour faire connaissance !

Le beau Dominic vit avec son frère, dans un appartement en ville. Il passe ses soirées à écouter de la musique et à fumer.

Et il s'intéresse à moi.

Le premier mois de notre relation défile comme un rêve. Nous passons nos journées à nous embrasser dans sa chambre. Avec son frère de l'autre côté du mur qui écoute

Cheech et Chong pour une centième fois, difficile de faire plus. Du moins, je l'aurais cru.

Ce soir, sans qu'on en ait parlé, il se déshabille en m'embrassant. J'ai peur, mais je ne l'avoue pas. J'aimerais aussi qu'on fasse *ça* sous les couvertures, la lumière éteinte, mais je me tais.

Je l'observe qui met son condom. Alors, voilà à quoi ressemble un pénis. Ça ne me fait ni chaud ni froid. Trop mal à l'aise, je suppose. Je suis d'ailleurs toujours habillée. Dominic me dévisage.

Bon, je vais faire un effort.

Quand il se couche sur moi, je ne crains plus rien. Je ne pense même pas à François. J'espère juste que ce ne sera pas trop long. Si je me laisse faire, j'arriverai peut-être à m'en débarrasser rapidement.

Il aurait quand même pu me demander si j'en avais envie.

Pendant que Dominic essaie de se placer entre mes cuisses, j'entends son frère toussoter de l'autre côté du mur en carton, à un mètre de nous.

C'est douloureux. On dirait que le condom est en papier de verre.

Dominic ne me parle pas. Il ne me regarde même pas. S'il me demandait si ça fait mal, je dirais «non». Si j'arrêtais son élan, ce serait encore plus long.

J'ai l'impression d'être pénétrée par un inconnu. Et c'est un inconnu qui jouit tout contre mon corps.

Nous nous rhabillons. Nous traversons dans le salon pour aller chercher des cigarettes. Le frère de Dominic tourne la tête vers nous, sourire en coin. Est-ce parce qu'il vient de finir un joint, parce qu'il rit encore des blagues de *Cheech et Chong* ou parce qu'il sait ce qui vient de se passer dans la chambre ?

Nous nous assoyons. J'allume une cigarette. Dominic bourre sa pipe à eau. C'est à ce moment-là que mon père arrive. Merde ! Avec tout ça, j'ai oublié qu'il venait me chercher !

Dominic accueille mon père avec sa pipe géante dans la main. L'appartement a l'air envahi par le brouillard tellement il y a de la fumée. Je n'ai pas averti mon père que Dominic fumait du *pot*. Je le fixe. *S'il te plaît, ne te fâche pas...*

Son visage ne laisse voir aucune surprise.

— Veux-tu une *puff* ? lui propose Dominic, inconscient.

— Non, c'est gentil, merci.

Mon père allume une cigarette et s'installe devant le film avec nous. Quand il éteint son mégot, je me lève, et nous partons.

Deux semaines plus tard, dans un autre party, je me retrouve seule avec Dominic dans une chambre. Comme la première fois, sans me demander mon avis, il se met nu pour m'inviter à «faire l'amour». Au début, c'est douloureux. Après, je ne ressens plus rien. Je le regarde bouger, mais je n'éprouve aucune sensation. Sauf peut-être du malaise.

J'ai beau le dévisager, je ne le trouve plus beau. Même ses grands yeux bleus ne me font plus rien.

Deux autres semaines passent. Je ne l'appelle plus. C'est comme si nous savions tous les deux que cette soirée-là a été la dernière.

CINQUIÈME SECONDAIRE

Véronique

Français. Je dors comme dans tous les cours depuis le début de l'année. À quoi bon faire des efforts ? Ma vie ne vaut rien. *Je ne vaux rien.*

— Bon, quelqu'un pourrait-il apporter un oreiller à Véronique pour la prochaine période ?

Tout le monde trouve ça hilarant.

Je devrais abandonner. Ce serait plus simple. En même temps, il faudrait que je donne des raisons, que je m'explique à quelqu'un. On voudrait un motif. Je n'en ai pas. Je n'ai aucune motivation, même pas celle de lâcher l'école.

Je me lie d'amitié avec une fille qui fréquente les mêmes cours (et les mêmes partys) que moi. Elle s'appelle Audrey. C'est une des plus belles filles qu'il m'a été donné de rencontrer. Elle a de grands yeux bleus et de beaux cheveux frisés. J'envie beaucoup sa minceur, même si elle me dit que je suis plus maigre qu'elle. Moi, je trouve que ce n'est jamais assez. Nous passons toutes nos pauses ensemble. Elle fume avec moi, même si elle est asthmatique. Et nous ne nous contentons pas de cigarettes.

La majeure partie du temps, j'arrive à la maison trop fatiguée pour manger. Je m'endors en écoutant la télé et, quand je me réveille en pleine nuit, je fais mes devoirs en vitesse avant d'aller me coucher dans ma chambre. Je me fous complètement de ce qui pourrait arriver à mes notes. Je passe tous mes examens malgré ma débauche.

Un soir, Audrey et moi allons dans un party. C'est là que je rencontre mon prince. Il doit avoir un an de plus que moi. Il est grand et athlétique. Ses gestes sont doux et son regard m'enveloppe chaque fois qu'il tourne la tête vers moi. Dès qu'on nous présente, je tombe amoureuse. Lui aussi, je pense, parce qu'à la fin de la soirée, nous nous retirons en privé et nous nous embrassons silencieusement.

Chaque baiser provoque en moi des frissons incroyables. Je n'ai jamais ressenti une telle sensation. Il me traite bien. Pas une fois il n'essaie de me toucher sans me le demander. Je crois que j'ai trouvé l'homme de ma vie.

Quand nous nous quittons à la fin de la soirée, je lui laisse mon numéro.

Il ne me rappelle pas. Pas une fois. Ma confiance en prend un coup. J'ai beau vouloir être rationnelle et me dire qu'il a perdu mon numéro, je me convaincs qu'on n'a pas ressenti la même chose. Je me sens naïve. Non, conne. J'ai honte d'avoir cru trouver quelqu'un qui m'aime et qui veuille de moi.

Quant à Audrey, nous nous perdons de vue à la fin du secondaire. Je ne la croise qu'une fois, sept ans plus tard. Elle a deux enfants dont le père est en prison. Même si elle a de l'amour dans sa vie, je doute qu'elle soit plus heureuse que moi.

Désabusée par les études, je m'intéresse quand même à une chose : le design de mode. Le cégep du Vieux Montréal offre un DEC en *Design de présentation*. Ma mère m'accompagne à la séance d'information. Déjà, la taille du cégep m'angoisse. C'est immense. À Drummondville, je fréquente la plus grande école secondaire, celle où il y a un escalier roulant. Ici, il y en a tellement que je n'arrive même pas à les compter. Le nombre de corridors, d'étages et de classes est incommensurable. Comment vais-je m'y retrouver dans un endroit si vaste ? Et la présentation du programme n'arrange pas les choses.

L'enseignante qui nous expose les cours est très intéressante. Elle nous explique tous les projets que les étudiants réalisent durant le DEC. Elle parle d'intérieurs entiers de maisons, de décors publicitaires, de devantures de magasins, et donne des dizaines d'autres exemples d'exploits qui demandent une imagination sans borne.

En mon for intérieur, je me sens incapable d'accomplir quoi que ce soit arrivant à la cheville de ce que cette femme présente. Je me persuade que je n'ai pas ce qu'il faut, pas d'idées suffisamment intéressantes, pour étudier ici.

Je me retrouve une heure plus tard, complètement désillusionnée, devant les responsables de l'inscription. Ma mère est à mes côtés. Elle me regarde en voulant dire : «C'est intéressant, non?» Moi, je m'aperçois que je n'ai aucun avenir là-dedans. En fait, je ne me vois nulle part dans le futur. J'ignore même comment je ferais pour travailler dans un dépanneur ou une épicerie. J'aurais peur de ne pas être assez vite ou de ne pas être capable de compter l'argent.

Sur le chemin du retour, je pense à toutes les responsabilités qu'un déménagement à Montréal exigerait. J'ai dix-sept ans, je suis seule, je n'ai ni emploi ni argent (et j'ai peur de travailler) et, de toute façon, je ne sais pas comment payer une facture. Comment pourrais-je me trouver un loyer dans de telles circonstances? Ma vie est foutue.

J'aimerais être rassurée, mais je garde le silence durant tout le trajet du retour. Pourquoi en parler à ma mère? Peu importe ce que je dirais, ça ne changerait rien. Elle non plus, elle n'ouvre pas la bouche! Pourtant, elle doit bien voir que je ne saute pas de joie. Et, si je parlais, je ne saurais pas comment lui expliquer ce qui se passe dans ma tête. Il faudrait que je remonte neuf ans en arrière, au moment où a débuté mon silence.

SIXIÈME PARTIE

LA MAJORITÉ

Véronique

Une fois l'école terminée, j'emménage non officiellement chez mon amie Sophie. Elle vit au centre-ville, au-dessus d'une arcade. Ça fait changement de la campagne profonde. Du mercredi au dimanche, nous faisons les bars. Les gars nous paient tous nos verres, et nous rentrons à pied à la fermeture. Lundi et mardi, nous nous reposons en écoutant de la musique et en recevant des amis à l'appartement.

J'appelle une ou deux fois par mois à la maison, pour donner des nouvelles à mon père. Parce que nous n'avons pas de téléphone à l'appartement, j'ai l'excuse de ne pas le contacter davantage. De toute façon, je n'ai pas envie de parler souvent à mes parents. J'ai peur qu'ils me questionnent à propos de ma future entrée au cégep.

À la fin de l'été, je vois bien que je ne peux pas vivre chez mon amie sans jamais cotiser. Je retourne donc chez mes parents. C'est la fin du mois d'août et, contre toute attente, on ne m'interroge pas quant à mes études. La seule fois où on me laisse entendre que personne n'a oublié que je devais entrer au cégep, c'est quand, durant le souper, ma mère m'entretient de mon statut de ménagère.

— Quand on étudie pas, il faut travailler.

— J'ai pas d'auto, comment veux-tu que je trouve une job?

— Qui t'a dit que tu devais travailler à l'extérieur de la maison?

Mes parents me proposent d'être la femme de ménage de la famille en attendant de pouvoir me trouver quelque chose en ville. Qui sur terre accepterait un travail aussi dégradant? Être employée par ses parents est la tâche la plus humiliante du monde! Que je garde les trois enfants ne suffit pas, ils exigent que je fasse la vaisselle, que je m'occupe de tout le ménage, que je lave le linge, le suspende et le plie.

Au fil des jours, le contrat se modifie de lui-même. Rien de ce que j'accomplis ne fait l'affaire. Quand la vaisselle est terminée, ma mère me reproche de ne pas avoir nettoyé la table. Quand les planchers sont récurés, on me traite de paresseuse parce que les fenêtres ne sont pas propres.

Si je me fâche devant toutes ces critiques, on me prive de paie ou de sortie. Disons que ça me motive à trouver quelque chose en ville. Ma mère m'y amène de temps en temps pour que j'aille porter mon curriculum vitæ dans les commerces, mais je n'ai jamais d'appel. D'un côté, j'essaie de faire comprendre à ma mère que c'est parce que je n'ai pas de voiture qu'on ne me prend pas. D'un autre côté, je me doute bien que tous ces gens qui me rencontrent constatent à quel point je ne suis pas motivée.

Moi, ce qui me nourrit, c'est l'amour. Les rares fois où je sors en ville me permettent de rencontrer de nouveaux gars. Parmi ceux-là, il y a Christian. Mon premier grand amour. L'homme de ma vie. Un beau grand gars aux cheveux longs qui m'aime malgré le peu de temps que nous passons ensemble. Il étudie en techniques policières à Sherbrooke, et il a passé son été chez ses parents à Drummondville. C'est à ce moment-là qu'on s'est rencontrés. Et c'est maintenant que sa session est recommencée que l'amour naît entre nous. Je vais même le voir à Sherbrooke. Un soir, je lui avoue une chose que je n'ai jamais dite à personne.

— Tu sais, je n'ai jamais voulu d'enfants parce que j'ai toujours eu peur de devenir grosse.

— C'est un drôle de début de conversation, ça.

— Ce que je veux dire, c'est que je sais que je pourrais avoir des enfants avec toi.

Long silence.

— Faudrait qu'il y ait une première fois, souligne Christian.

Il me serre contre lui. Je fonds.

Lorsque nos corps entrent en contact, il me semble connaître Christian depuis des années. Ses hanches s'emboî-tent dans les miennes comme si elles étaient deux pièces de casse-tête. Mes mains se calent au creux de ses reins, je peux sentir la chaleur dégagée par les muscles de son dos. Ce n'est ni douloureux ni ennuyeux. C'est bon, stimulant, inoubliable. Christian me fait me sentir bien.

Je passe la semaine qui suit à rêvasser. J'imagine notre prochaine rencontre, notre prochaine relation sexuelle. Quand il m'appelle enfin, je suis aux anges. Malheureusement, Christian ne me téléphone pas pour me donner rendez-vous.

— Véro, mon frère vient de se suicider.

On dit souvent que le deuil rapproche ou éloigne les couples. Dans notre cas, comme nous ne sommes pas ensemble depuis longtemps, la mort du frère de Christian nous éloigne. Il prend du temps avec sa famille, ce que je comprends sans problème. Bien que je sois à ses côtés au salon funéraire, notre relation a déjà changé, mais je garde espoir.

Avec ses études à Sherbrooke et le deuil de son frère, Christian ne donne pas souvent signe de vie. De mon côté, j'essaie de gagner de quoi m'acheter une auto, alors je prends tout ce qui passe. Mon père me décroche un contrat pour garder des enfants pendant trois jours complets. Au matin de la troisième journée, Christian m'appelle. Il a eu le numéro en téléphonant chez moi. Je sais que c'est naïf, mais je pense que c'est pour jaser et me donner des nouvelles.

— Ça va pas. J'suis plus capable. On peut pas continuer.

Et voilà. Une fois de plus, on me met aux poubelles. J'ai vraiment l'impression que François m'a jeté un sort. Une malédiction. On dirait qu'il m'a salie, et qu'on ne m'aimera plus jamais. C'est comme si les gars voyaient la saleté qui me collait au corps quand j'ai fui ma prison. Ça les écœure tellement qu'ils me quittent aussitôt.

Durant la journée, j'essaie de ne pas pleurer devant les enfants. Leur mère revient plus tôt et me console. Ça me soulage. Même si je suis pratiquement majeure, j'aime qu'on s'occupe de moi.

Mon père, qui doit venir me chercher, n'arrive pas. Il est vingt heures et il n'est toujours pas là. J'appelle à la maison.

— Papa, qu'est-ce que tu fais ?

— Je roule des cigarettes, pourquoi ?

— T'étais censé venir me chercher.

Silence.

— Oups. Véro, je suis désolé…

Comme il en a pour une heure de route, la mère des enfants me propose de rester à coucher. J'accepte, au grand soulagement de mon père, qui se confond en excuses.

Étendue dans le lit d'amis, je pense à ma vie. Je suis destinée à être humiliée et abandonnée par les hommes qui m'entourent. Tellement négligeable que même mon propre père m'oublie.

Le lendemain matin, pendant que j'attends mon père, la chanson *Love Hurts* de Nazareth joue à la radio. Je suis incapable d'arrêter de pleurer en pensant à ma minable existence.

Les mois qui suivent ma rupture sont mortels. On dirait que je suis en prison. Lavage après lavage, ménage par-dessus ménage, pratiquement aucune sortie. Ma vie est une suite de journées ennuyantes et identiques. Mais, une ou deux fois par mois, je sors en ville. Dans ces rares occasions, je fréquente Alain, l'ex d'une amie. Il est très gentil, mais ne fait pas les premiers pas, c'est pourquoi je me laisse aborder par un de ses amis, un soir où nous allons voir un jam organisé par les gens avec qui il travaille.

Il y a parmi les musiciens un gars super sympathique. Beau, pas trop grand, queue de cheval, yeux bleus. Je craque, bien sûr. Guitare à la main, il me courtise entre chaque chanson. Il a vingt-trois ans, il joue dans un groupe, il travaille dans une usine qui produit des disques compacts. Il s'appelle Christian, comme mon ex. Je reste à ses côtés toute la soirée. Il ne se lève que pour aller se prendre une bière, et je ne bouge que pour mieux l'observer alors qu'il joue.

À la fin de la soirée, il me propose d'aller chez lui. Il est si doux que je ne peux rien lui refuser.

Son appartement sent bon. Pour le peu que j'en vois dans la pénombre, c'est très bien aménagé. Je reconnais de petites figurines africaines et de longs masques tribaux. Il y a aussi une impressionnante collection de disques.

Nous nous assoyons sur le divan. Nous buvons et nous embrassons plus qu'autre chose. Au petit matin, je m'endors contre lui. Je me sens en sécurité, je me sens respectée et aimée.

Durant plusieurs mois, Véronique et moi n'échangeons que quelques mots à l'heure des repas. Je ne sais pas comment parler avec elle. J'ai oublié. On dirait que, plus le temps passe, plus elle devient indéchiffrable.

Les tâches n'aident en rien notre relation. J'incarne la cruelle mère qui lui fait ratisser le jardin, tondre le gazon, laver la vaisselle, etc. Bref, tout ce qu'il faut pour briser les liens qu'il aurait pu y avoir entre nous. Au moins, elle semble se remettre de sa rupture, car elle nous annonce qu'elle a un nouvel amoureux.

— C'est quoi, son nom? lui demande Dominique, prêt au mariage comme d'habitude.

— Christian.

Comment ne pas voir là une volonté de rattraper quelque chose de perdu? Nous savons à quel point elle aimait l'autre Christian.

Nous ne voyons pas souvent son nouveau copain. Les premiers mois, il n'entre même pas dans la maison quand il vient la chercher. J'ignore si c'est de la gêne ou si Christian est simplement solitaire, mais je trouve dommage de ne pas le rencontrer. Véronique s'en moque. Je comprends qu'elle prenne le parti de son copain.

Le jour où elle nous le présente enfin, il me fait une très bonne impression. Dominique est aux anges de savoir que sa fille aime un musicien. Il parle déjà des morceaux qu'ils pourront jouer à Noël...

Christian a l'air très sérieux dans sa relation, plus que Véronique.

— Je me suis trouvé une job en ville, m'annonce-t-elle.

— Tant mieux.

— Comme ça, je vais pouvoir payer ma part du loyer.

Eh oui! Ils emménagent ensemble.

C'est une des dernières fois où nous nous parlons.

Durant l'année suivante, elle appelle quelques fois à la maison pour jaser avec Dominique, mais elle ne me dit plus que des choses banales comme «bonjour» et «il fait chaud dehors».

Je n'ai plus aucune relation avec ma fille.

Véronique

Comme ma paie à la sandwicherie est peu comparable au salaire de Christian, je me charge de tout à l'appartement. Ce que ma mère m'a forcée à faire durant toutes ces années sert enfin. Je m'occupe de la vaisselle, du ménage, des vêtements et de la bouffe. Bref, je prouve que je mérite cette vie.

Mon père vient souvent faire un tour. Il apporte tout le temps un peu d'argent ou de la nourriture préparée par ma mère, « qui fait dire bonjour ».

— Qu'est-ce que tu penses faire, maintenant ? me demande-t-il une fois.

— Je m'inscris en intégration au cégep, question de faire mes cours de base en attendant de me brancher.

— C'est bon, ça. De même, quand t'auras choisi, t'auras de l'avance.

Mon père tout craché. Aveuglément optimiste.

Grâce au cégep, je touche des prêts et bourses. Avec l'argent, je paie mes études et ma part du loyer. Au début, les cours ne sont pas trop exigeants. Par contre, avec les semaines qui passent, je constate que je ne tiens pas le rythme. Durant l'année et demie où je n'ai pas étudié, j'ai pris l'habitude de me coucher très tard et de ne presque pas manger. Aujourd'hui, je paie cher ce mode de vie. J'entre fatiguée dans chaque classe et je perds constamment le fil du cours.

À la fin de la session, je passe mon cours d'éducation physique et celui d'orientation. L'examen de littérature, lui, se déroule moins bien. J'écoule les quatre heures du cours devant la question à me demander ce qu'elle signifie et ce que je dois en faire. En haut de ma page, le début de mon introduction illustre le vide qui m'habite : « L'amour et le souvenir feront toujours partie de notre monde. » Peut-être cela réveille-t-il quelque chose en moi, une ombre enfermée depuis des années au fond d'un placard. Peu importe, je n'écris rien de plus. Je me retrouve face à ma vaste incompétence. Je suis projetée en arrière, au moment de ma visite au cégep du Vieux Montréal, et je ressens la même chose. Je suis incapable de réussir quoi que ce soit de bon. Je ne vaux pas le linge que je porte. Voilà ce que je voudrais écrire dans ma rédaction. C'est ce que mon cours de littérature me permet de comprendre.

Je quitte la classe sans écrire davantage. Je ne vais pas à mon examen de philosophie, auquel je suis censée me présenter dans quelques minutes. À quoi bon ?

Je retourne chez moi. *Fuck* le cégep.

En janvier, je ne reprends pas les cours. Une amie m'a parlé d'un programme d'esthétique. Ça ne dure qu'un an et, en plus, je suis déjà très bonne dans le domaine. Je me présente au test de classement. Si je le réussis, je pourrai suivre la formation de jour. Sinon, ce sera les cours de soir, et ce, durant l'été. Plutôt mourir que de gâcher mon été en cours du soir.

Les heures au restaurant sont minables, mais je dois garder mon emploi pour payer le cours, en espérant qu'on m'accepte.

Quand on me joint finalement, c'est pour m'annoncer que j'ai obtenu les meilleurs résultats du groupe.

Je me réjouirais bien, mais je sais que le bonheur n'est pas pour moi.

Lise

Une longue table en bois foncé. Sûrement coûteuse et lourde. Nous sommes assis dans une salle de réunion. C'est ici que nous entamerons les discussions, Dominique et moi. Avec la médiatrice.

Quand je lui ai annoncé que je ne pouvais pas continuer à endurer son comportement éclectique, Dominique s'est tout de suite mis à chercher un appartement en ville. Sur le coup, ça m'a énormément blessée, mais j'ai compris qu'il ne lui manquait que mon approbation pour se mettre au travail. Comme d'habitude, dans le fond. C'est d'ailleurs une des choses qui m'épuisent de lui. Je le soutiens, l'encourage et lui rappelle constamment de ne pas abandonner. Si je perds ma rigueur, il manque d'énergie et laisse tout tomber. Comme avec notre couple.

La médiation se règle assez vite. Je laisse tout à Dominique. Les électroménagers, les meubles, la vaisselle, même si c'est moi qui ai tout payé. La seule chose que je demande, c'est la garde des enfants. Je considère que je suis celle qui doit s'occuper de nos enfants. Leurs vêtements, le matériel scolaire, les communications avec l'école. Je ne souhaite pas blesser Dominique, mais il est incapable de gérer ses propres cartes de crédit, alors je ne le crois pas capable d'administrer les fonds nécessaires à nourrir et vêtir trois enfants.

Quand la maison sera vendue, nous diviserons les profits. Après tout, même si c'est moi qui ai mis le plus d'argent dedans, je suis d'avis que nous avons travaillé aussi fort l'un que l'autre à la retaper. De toute façon, mon but n'est pas de ruiner Dominique. Cette séparation est essentielle si je veux qu'il aille plus loin. Je lui souhaite de trouver une fille qui sera plus comme lui, mais aussi une fille qui aura suffisamment d'énergie pour le soutenir dans ses hauts et ses bas trop nombreux.

Lundi 8 mai. La médiatrice appelle. Les papiers sont prêts. Chacun de notre côté, nous avons trouvé un appartement dans le même quartier. Nous déménagerons en juillet. En attendant, nous partageons la maison. Nos logements sont à un pâté de maisons l'un de l'autre. Les enfants passeront une semaine sur deux avec moi. Je n'ai jamais vu Dominique aussi heureux. Il semble libéré. Il donne l'impression d'un homme qui a trouvé sa voie. Dommage que ce soit au prix de notre relation.

Mardi 9 mai. Je suis crevée. Le souper est prêt depuis une heure. J'ai hâte que Dominique arrive pour s'occuper des enfants, afin que je puisse aller me coucher. Je travaille cette nuit et j'espère vraiment avoir une chance de fermer l'œil une heure ou deux.

Pour l'instant, je fulmine. Je tourne en rond dans la cuisine et je surveille la fenêtre afin de déverser ma rage sur Dominique dès qu'il entrera dans la cour. Il sait que je travaille ce soir et que j'ai besoin de dormir.

Mais ce n'est pas son vieux tacot qui se stationne sous la fenêtre. C'est une voiture de police. Mes mains se mettent à trembler.

Non. Non, pas ça. *S'il Te plaît, Seigneur, fais que ce ne soit pas grave.*

Les agents sont déjà devant la porte. Ils frappent.

Je dois m'accrocher à tout ce qui est à portée de main pour atteindre l'entrée. Chaise, comptoir, mur. J'ouvre.

— Oui ?

— Bonsoir, madame. Agents Desmarais et Fradet. Est-ce que monsieur Dominique Rocheleau habite ici ?

— Oui, je suis sa femme.

Carl et Alix sont dans le bain. Gabrielle tourne autour de moi en chantant. Le policier la regarde.

— Il faudrait qu'on vous parle en privé, madame.

— Va jouer dans ta chambre, Gabrielle.

Une fois qu'elle est partie, l'autre agent continue.

— Votre mari a eu un grave accident.

Véronique

Depuis que j'ai quitté la maison, le lien d'amitié que j'entretiens avec mon père se raffermit. Il passe souvent boire un café et n'hésite jamais à venir me voir si j'ai besoin de me confier à quelqu'un. Souvent, quand je me chicane avec Christian, c'est vers mon père que je me tourne.

Un soir, je me fâche contre Christian parce qu'il est trop amorphe. Nous ne nous entendons pas sur la manière de gérer le ménage. En fait, ça commence en discussion et ça finit en engueulade. Le genre de situation où on a le sentiment d'avoir dit une chose sur laquelle on ne peut pas revenir.

J'ai tenté d'appeler mon père il y a une dizaine de minutes, mais ma mère m'a dit qu'il n'était pas arrivé.

Je lave la vaisselle pour me changer les idées. J'ai une boule dans la gorge. Je voudrais pleurer, mais Christian regarde la télé dans le salon, à quelques pieds de moi. J'ai l'impression qu'il m'épie, qu'il essaie de savoir si je me suis calmée.

Le téléphone sonne. C'est peut-être mon père.

— Qu'est-ce que tu fais ? me demande ma mère.

— La vaisselle.

C'est quand même ironique que je discute de ça avec elle.

— J'ai quelque chose à te dire, m'annonce-t-elle. On vient te chercher.

Je laisse tomber le combiné. Je me mets à trembler. Je ne tiens plus debout. Je me retrouve à genoux, en sanglots. Mon souffle est court. Papa est mort, j'en suis sûre.

— Véro, qu'est-ce qu'il y a?

— Il est arrivé quelque chose à mon père!

Lise

Dans une salle de l'hôpital Sainte-Croix, je me retrouve devant le corps de Dominique, qui a un drap remonté jusqu'au cou. Le coroner souhaite que je confirme son identité. Le visage de Dominique est pâle, son cou est enflé, ses yeux sont ouverts, mais son regard est vide. Je m'approche pour le toucher.

— Non! siffle le coroner. Vous ne pouvez pas le toucher.

C'est bien Dominique, mais ce n'est plus l'homme que j'ai connu. Il est difficile et douloureux de voir le corps d'un homme qui a été aussi vivant que lui dans un tel état.

En fait, c'est insupportable. Il faut que je sorte d'ici.

Un policier m'escorte dans la salle d'attente et m'explique la situation. Dominique a fait un face-à-face avec un tracteur. Un tracteur dont la pelle avant était baissée. Les fourches ont empalé la voiture. Dominique est mort transpercé par des pointes d'acier de deux pieds.

Il serait décédé sur le coup.

Ma belle-sœur arrive dans la salle. Elle est venue me chercher.

J'aimerais parler, lui expliquer que ce n'était pas ce que j'avais souhaité. Quelqu'un doit savoir que je ne voulais pas de mal à Dominique. Je voulais qu'il trouve une femme différente, pas qu'il meure ! Il aurait pu refaire sa vie avec une artiste capable de comprendre ses hauts et ses bas. Mais je n'ai pas de voix.

Et je dois trouver comment annoncer ça aux enfants.

Véronique, j'ai besoin de toi.

Véronique

Ma mère se présente à ma porte accompagnée de ma tante Johanne. Je m'effondre de nouveau parce que ça veut dire que j'ai raison.

— Où est papa ? Est-ce qu'il va bien ?

— Tu peux pas le voir. Il est à l'hôpital, il a eu un accident.

— On est venues te chercher pour t'amener à la maison, ajoute ma tante. Ta famille va avoir besoin de toi.

Ma famille a besoin de moi ? Et moi, qui va me consoler ? Sûrement pas Christian. Même s'il monte dans la voiture pour me soutenir, on vient de se chicaner, et c'est encore palpable.

Chez mes parents, il n'y a personne d'autre que mon oncle Daniel. Je dévisage ma mère.

— Où sont les enfants ?

— Chez Ninon. Elle est venue les chercher pour que je puisse aller identifier le corps…

Elle se rend compte de ce qu'elle vient de dire, et je me remets à pleurer. Pourquoi autant de malheurs ? La vie pourrait-elle m'accorder une pause, me donner le temps de souffler un peu ? Je suis épuisée !

J'aperçois les paquets de cigarettes sur le frigo. Cette vision m'apaise. Mon père a l'habitude d'étirer le bras pour en attraper un chaque fois qu'il en termine un. J'attrape un paquet et m'allume une cigarette. Je me dirige machinalement vers la cafetière. Dessus, il y a une cuiller. C'est celle de mon père. Chaque matin, il brasse son café et dépose sa cuiller sur la cafetière pour la réutiliser en soirée.

Tous ces petits gestes, ces habitudes particulières, ça me revient. Dans les étagères, je retrouve en un clin d'œil la tasse préférée de mon père et j'y verse du café.

Mes grands-parents arrivent avec mon oncle Jeannot. Mon grand-père a les yeux rouges. Même si mon père était son gendre, il l'a toujours considéré comme un fils, et c'est ce qu'il répète plusieurs fois durant la soirée, lorsqu'il ose parler. Le reste du temps, il ne dit rien, probablement par peur de pleurer.

Ma tante Ninon ramène les enfants. Gabrielle et Alix se collent sur ma mère sans trop comprendre ce qui se passe. Carl fonce vers moi. Il me serre contre lui de toutes ses forces. Sa petite tête est appuyée sur mon ventre. Il tremble.

— Papa a eu un accident, mais il va bien, hein?

Comment lui dire la vérité? Impossible d'être honnête. Même s'il a onze ans et qu'on pourrait le croire capable d'encaisser une telle nouvelle, je ne veux pas être la personne qui lui apprendra que son père a été tué par un tracteur. Je lance un regard à ma mère.

Sauve-moi!

Elle s'approche, prend mon frère par les épaules.

— Papa ne reviendra pas.

Tour à tour, nous consolons les enfants. Ils donnent l'impression de comprendre mais, de temps à autre, ils cherchent notre père dans la maison, comme s'il était caché.

Il est très tard, les enfants meurent de fatigue et sont épuisés d'avoir autant pleuré, tout comme nous. Ma mère et moi allons les coucher.

Les heures de la nuit s'écoulent lentement. Un moment, je suis lucide, je murmure d'une voix endeuillée que je n'arrive pas à y croire. L'instant d'après, je vois mon père entrer dans la maison et surprendre tout le monde de son rire puissant. *Pourquoi vous êtes-vous inquiétés? Je suis là!* Je souris, même si je sens que quelque chose cloche dans cette surprise. Quelque chose d'irréel. Je cligne des yeux. Mon père n'est plus là. Il est mort. Entre-temps, Christian est parti sans que je m'en rende compte.

Je me retrouve dans mon ancienne chambre, étendue dans mon ancien lit. L'oreiller est trempé de larmes. J'ai enfilé une paire de bas de mon père. J'ai besoin d'être près de lui.

Je n'arrive pas à fermer l'œil. Je me lève pour lui écrire une lettre.

Papa, tu n'avais pas le droit de mourir à trente-neuf ans. C'est illégal. Je t'aime, papa. Je sais que ce n'est pas ta faute si tu es mort.

Lise

Dominique est exposé. Je n'ai pas le choix. Personne n'arrive à croire qu'il est mort. Un homme d'une vitalité comme la sienne, c'est impensable. Moi non plus, en fait, je n'y crois pas. Les enfants pensent encore qu'il va revenir. Ce n'est qu'en le voyant dans le cercueil qu'ils constatent que leur père ne vit plus. Avec Véronique, ils ont écrit des lettres à Dominique, qu'ils glissent dans son veston.

Parmi les visiteurs du salon funéraire, il y a les parents du jeune homme qui conduisait le tracteur. Ils m'offrent leurs condoléances. Alors que défilent tous ceux qui l'ont aimé, je me surprends à en vouloir à Dominique. Je le fixe, là, étendu pour toujours. *Pourquoi ne t'es-tu pas arrêté quand tu as vu le tracteur ? Y a des limites à tenter sa chance, non ? T'aurais pas pu ralentir ?*

Après vingt ans de vie commune, il n'a plus besoin d'être vivant pour répondre. *J'ai pas fait exprès. Tu me connais, j'ai toujours été un peu distrait sur la route.*

Et le testament ? La vente de la maison ? *Tous tes outils, tes instruments de musique, tes niaiseries que je t'ai demandé de ranger en prévision du déménagement et que tu n'as pas ramassés ?*

Mais c'est Dominique. Vivant comme mort, je suis incapable de lui en vouloir plus d'une heure. En plus, rencontrer toutes ces personnes qu'il a touchées m'empêche d'être fâchée. Les visiteurs sympathisent, mais ils n'ont aucune idée de l'amertume qui me ronge le corps. Je suis vidée, lavée, épuisée. J'ai utilisé tous les congés que je réservais au déménagement, alors je dois travailler de jour et de nuit, en plus d'organiser le transfert du contenu d'une maison de deux étages à un appartement de cinq pièces et demie.

À travers tout ça, je perds complètement Véronique de vue. La seule chose qui la faisait revenir à la maison, c'était son père. Notre relation est toujours passée par lui. Maintenant qu'il n'est plus là et qu'elle vit avec Christian, je ne la vois qu'aux anniversaires des enfants et à Noël.

À ce moment, je pense qu'elle a oublié ce qu'elle a vécu ou qu'elle en est guérie. Du moins, je l'espère.

Véronique

Les nuits qui succèdent à l'accident, mon père hante mes rêves. Une fois, je cours derrière lui dans un sous-bois, sans l'atteindre. Le lendemain, j'essaie de le rattraper dans un dédale de corridors. La nuit suivante, je tombe sur lui au détour d'un chemin et je l'accuse d'avoir menti sur sa mort. Je serre son poignet pour qu'il ne parte pas. Il reste muet. Il me fixe. Il disparaît.

Dans un autre rêve, je crois l'apercevoir dans une voiture. Je fais aussitôt demi-tour et je le poursuis à bord d'une auto qui ne m'appartient pas. Soudain, l'huile se met à gicler de l'accélérateur, et l'automobile ralentit jusqu'à s'arrêter complètement. J'ai perdu mon père. Encore.

Il n'avait pas peur de vieillir. Il ne craignait pas la mort. Moi, je refuse de vieillir et j'ai la mort en horreur. Pourquoi alors suis-je vivante ? Pourquoi est-ce moi qui respire toujours ? Cette ironie me prouve que la vie n'en vaut pas la peine. Le seul pilier qui me supportait, le seul repère que j'avais, a disparu.

Quelques jours après l'enterrement, on m'invite à un party. Comme j'ai besoin de me changer les idées, j'accepte aussitôt. Là-bas, je tombe sur Christian. Le premier, celui qui a perdu son frère. Dès qu'il m'aperçoit, il s'approche en souriant. Il a bu, je le remarque quand il parle.

— J'ai le goût de t'embrasser, me confie-t-il.

Bon *timing*. J'ai besoin de me sentir aimée.

Nous allons dans une tente installée sur le terrain. Nous nous embrassons, puis restons collés l'un contre l'autre durant des heures. Il me flatte le bras du bout des doigts et tient ma main dans la sienne. Nous n'avons pas à parler. Nous sommes bien.

Soudain, un gars entre dans la tente. Je le reconnais, j'allais au secondaire avec lui.

— Eille, Véro! Comment ça va? Es-tu soûle ou triste?

— Mon père est mort la semaine passée.

C'est la première fois que je dis ça à voix haute. Jusqu'à maintenant, jamais je n'avais prononcé ces mots.

Ça crée un malaise avec mon ami, mais Christian serre davantage ma main. Très fort, comme s'il souffrait avec moi. C'est bon de se savoir comprise.

Après cette nuit-là, et malgré ce que nous avons partagé, je ne revois plus Christian.

Les rencontres nocturnes avec mon père durent au moins deux semaines. Une nuit, je suis dans un appartement que je ne reconnais pas. La porte d'entrée est un rideau de bambou. De l'autre côté, il y a une lumière éblouissante. Je ne suis pas effrayée. J'ai confiance. L'intensité de la lumière diminue. J'aperçois la silhouette de mon père. Même si c'est logiquement impossible à cette distance, je distingue ses yeux. Il va bien. Il traverse le rideau et me tend les bras.

Je sens son étreinte autour de moi. Ce rêve est si réel qu'il me procure autant de bien que si tout cela était vrai.

Lorsque j'ouvre les yeux, cette sensation me colle à la peau. Je suis seule, mais le bien-être qui se propage dans mon corps est d'un réconfort inimaginable.

C'est la dernière fois que je rêve à mon père.

ÉPILOGUE

Lise

Quelques années après la mort de Dominique, quand les enfants ont vieilli, Véronique s'est rapprochée. Nos rapports ont commencé à s'améliorer, puis Véronique a eu recours à des services d'aide psychologique. Malheureusement, cela n'a fait que nous ramener dans une ambiance négative. Toute la culpabilité que j'avais réussi à mettre de côté m'est revenue en plein visage. Chacun des passages de ma fille à la maison se terminait par une attaque du genre : «Pourquoi m'avez-vous fait suivre par UN psy au lieu d'UNE psy après mon enlèvement?» Je ne sais pas, moi, je ne croyais pas que nous avions le choix. Personne ne m'avait avertie.

J'ai fini par lâcher prise, par ne plus recevoir ses réflexions comme des reproches. Ça a pris du temps et c'est un processus très difficile mais, avec la communication, on y arrive.

Avec le temps, j'ai aussi changé dans la façon d'élever mes enfants. J'ai décidé d'être plus permissive avec eux; en échange, je devais toujours savoir où ils se trouvaient. Bien évidemment, je me suis assurée qu'ils ne côtoyaient pas d'inconnus et qu'ils n'ouvraient jamais la porte à des gens qu'ils ne connaissaient pas. Sans qu'ils comprennent totalement, je me contentais d'expliquer les grandes lignes de l'histoire de Véronique. C'est aujourd'hui, alors qu'ils ont trente-deux ans, vingt-neuf ans et vingt-cinq ans, qu'ils découvrent la totalité des détails concernant l'enlèvement de Véronique. Moi-même, en lisant ces lignes, j'ai appris beaucoup.

Quand Gabrielle, ma seule autre fille, a eu huit ans, j'ai vécu une année d'enfer. Pourtant, nous vivions en face de l'école. Un enlèvement comme celui de Véronique aurait pu arriver à n'importe quel âge, mais personne ne me reprochera mon anxiété. Je me souviens clairement d'avoir fait une scène à Gabrielle parce qu'elle était partie jouer sans laisser de note. J'avais beau vouloir que mes enfants soient autonomes, ça, c'était trop pour moi.

Je partage ma vie avec un nouveau conjoint depuis treize ans. Pourtant, nous avons rarement parlé de ce qui est arrivé en 1984. La plupart de mes anciens amoureux et la majorité de mes collègues n'ont jamais été au courant de mon histoire, de notre histoire. En fait, ces derniers ne savent sûrement pas que j'ai perdu mon mari et élevé seule mes enfants. Quant à mon rêve de prendre soin des personnes âgées, il ne s'est pas concrétisé à travers une maison. J'ai plutôt complété mon cours en soins infirmiers et j'ai trouvé un emploi stimulant où j'ai pu aider tous ces gens que j'aurais peut-être reçus chez moi.

Chaque fois qu'un journaliste annonce qu'un enlèvement a eu lieu, chaque fois que le journal parle d'enfants disparus, je ne le supporte pas. Impossible pour moi de rester indifférente à l'idée qu'un autre enfant soit enlevé.

Je sais pertinemment que j'ai fait tout ce que j'ai pu à l'époque et je tente encore aujourd'hui de trouver la paix. Quand une telle nouvelle paraît, mes pensées sont dirigées vers les enfants disparus, et je leur envoie toutes les ondes positives qui m'habitent.

Véronique, durant les années qui ont suivi ton enlèvement, j'ai tenté à la fois de te protéger et de te laisser ta liberté. Je désirais te donner ce que je n'avais pas reçu. J'aurais aimé t'expliquer le pourquoi des choses, t'empêcher de ressentir nos soucis de parents, mais je voulais tellement représenter l'autorité que je perdais de vue l'amitié que nous aurions pu développer. En fait, je croyais que les deux à la fois étaient impossibles. Ton père a donc pris en charge la partie amusante.

As-tu déjà douté de mon amour ?

Du plus profond de mon cœur, je t'ai toujours aimée.

Véronique

Ma relation avec Christian n'a pas duré. Je suis retournée vivre à Montréal, où j'ai retrouvé ce qui me manquait de la vraie ville. Ça faisait du bien d'être entourée de monde, de sortir tous les soirs et de m'oublier complètement. Puis, il y a eu ce voisin. Un homme qui me harcelait continuellement. Il insistait pour me parler. Il me suivait quand je sortais, m'épiait par la fenêtre quand je rentrais... Je virais folle.

J'ai fini par m'enfermer chez moi. Je suis devenue très déprimée, et il m'a pris des idées suicidaires. Certaines nuits, je n'arrivais pas à dormir tellement j'étais certaine qu'il écoutait à travers ma porte. D'autres nuits, je dormais quatorze heures d'un trait. À tout ça s'ajoutaient des trous de mémoire fréquents et de la paranoïa.

Bref, j'étais perdue. Avec le Centre d'aide aux victimes d'actes criminels, j'ai obtenu l'aide d'une psychologue qui m'a montré à voir la vie différemment. Je pensais à l'époque que mon enlèvement n'avait pas eu de répercussions dans ma vie. J'avais même oublié que j'avais subi une agression sexuelle. La psychologue m'a aidée à comprendre l'importance de ce que j'ai vécu. Avec elle, j'ai pu rencontrer la petite Véronique, celle de huit ans, celle que je croyais morte, et j'ai renoué avec elle. C'est à partir de ce moment que j'ai quitté Montréal pour me rapprocher de nouveau de ma famille.

J'ai accumulé les fréquentations au même rythme que les emplois et les certifications. Trouver une relation saine a toujours été plus complexe qu'il n'y paraissait. Quant au travail, j'ai reçu mon diplôme d'études collégiales en analyses biomédicales. Mes études m'ont forcée à mettre de côté mes relations amoureuses. J'ai un peu pris goût au célibat. J'ai même accompli des exploits, comme vivre sans angoisser dans un demi-sous-sol au cours de mes études (sans en sortir pendant des fins de semaine complètes durant les périodes de révisions intensives).

J'ai fêté mes quarante ans cette année. Je travaille dans mon domaine. Je n'ai pas rencontré l'homme de ma vie, mais j'espère toujours. Les troubles alimentaires que j'ai développés à l'adolescence se sont calmés avec le temps, mais je juge encore sévèrement mon apparence physique, dont je suis rarement satisfaite.

Avec ma mère, le temps a fait son travail. J'ai vieilli, elle aussi, et notre relation s'est améliorée.

Maman, tu mérites tout le bien qui t'arrive. Merci de me soutenir dans toutes les étapes de ma vie.

Ce livre, je voulais le faire pour les autres – les jeunes filles, ma famille –, mais ça m'a beaucoup apporté à moi aussi. Toute ma vie, j'ai pensé que ma mère ne m'aimait pas, sauf par obligation. Dans le processus d'interview, puis à la lecture du livre, j'ai découvert et compris que ma mère a souffert et que, sans s'en rendre compte, elle s'est coupée de ses émotions, comme lorsqu'on a une peine d'amour et qu'on tente d'oublier.

Je sais maintenant qu'elle n'a jamais cessé de m'aimer.

Voir son côté de la médaille m'a secouée. Alors que je pensais que tout le monde voulait passer à autre chose et oublier, j'ai constaté tout le bien que les gens me souhaitaient. J'ai pris conscience de l'étendue du malentendu. De tout l'amour qui m'entourait.

J'aimerais terminer mon histoire avec un mot pour les victimes d'actes criminels. Restez ouvertes, gardez espoir. Même si c'est difficile, on se développe d'une façon unique. Votre compréhension, votre empathie pour les autres sont irremplaçables. Apprenez à vous respecter comme vous respectez les autres.

Aujourd'hui, trente-deux ans après mon enlèvement, le bonheur me demande un effort que les gens ne peuvent pas mesurer, mais sachez que c'est possible. Quand ça devient trop lourd, il faut faire le ménage et aller chercher des outils. C'est grâce à la consultation et au partage que j'ai grandi. Et ça continue.

Apprenez à accepter votre différence.

Et aimez. Ne cessez jamais d'aimer.

Carl

Bien que les événements racontés dans ce livre remontent à plus de trente ans, je n'ai moi-même découvert l'identité de l'agresseur – et sa sentence – qu'en épluchant tous les journaux de l'époque. Alors que j'écris ces lignes, personne autour de moi ne connaît l'entièreté de l'histoire.

Vous l'aurez compris, le silence de ma mère prenait racine dans une bonne intention, tout comme celui de ma sœur. Je jugeais moi-même ma mère très sévèrement avant de l'interviewer pendant des heures. Je le reconnais, mes trois enfants ont aussi contribué à ma prise de conscience.

Durant l'écriture de ce livre, Annie Charbonneau, l'amie de Véronique qui était présente lors de l'enlèvement, a retrouvé ma sœur grâce aux réseaux sociaux. Elle vit toujours à Montréal, où elle a fondé une famille. Malgré toutes ces années, elle n'a jamais cessé de penser à Véronique. Encore aujourd'hui, les événements sont très clairs à son esprit.

Aurora De Barros, âgée de quatre-vingt-deux ans, a également réussi, grâce à l'aide de sa petite-fille, à renouer avec ma sœur. Elle ne vit plus sur Laurier, mais réside toujours à Montréal avec toute sa famille.

Bien que retraité, l'enquêteur Moussette a gentiment accepté de se remémorer les événements quand je l'ai joint à sa résidence. Malgré les milliers d'enquêtes qu'il a menées, il se rappelle encore avoir posé Véronique sur ses genoux en espérant de tout son cœur pouvoir la rassurer.

Quant à Gilles Tardif, je n'ai découvert son histoire qu'en travaillant à l'écriture de ce livre. Jamais un membre de ma famille n'avait tenté de trouver la réponse à cette horrible question : qui était cet homme ? Chose certaine, malgré les informations qu'il semblait posséder sur notre famille (et qui lui ont servi à attirer Véronique à lui), ma mère ne connaissait pas Tardif. Mon père non plus, pour ce qu'on en sait. Véronique aurait été un genre de test, suivi quelques semaines plus tard d'une série de crimes qui n'a pris fin qu'une fois qu'il a été arrêté. Comme aucun communiqué n'a été diffusé concernant une libération, nous devons considérer que Gilles Tardif est toujours derrière les barreaux aujourd'hui.

Finalement, j'aimerais dire aux victimes de crimes (jeunes et moins jeunes) : n'ayez pas peur de vous confier à vos proches. Les mots ne peuvent pleinement vous faire comprendre à quel point ils vous aiment et combien vous êtes importants pour eux. Faites confiance à un jeune père qui se souvient encore de son adolescence.

Aux parents, je confirme que vous pouvez poser des questions à vos enfants. S'ils ne veulent pas répondre, c'est ce qu'ils feront, mais au moins ils sauront que leurs parents sont conscients qu'il se passe quelque chose, et qu'ils s'y intéressent. Gardez toujours l'option «dialogue» ouverte, peu importe le moment du jour ou de l'année, ou l'état dans lequel sont vos enfants...

On ne regrette jamais de dire «j'ai confiance en toi, je suis fier de toi et je t'aime», alors dites-le aussi souvent que vous le pouvez.

DOSSIER

PORTRAIT DES DISPARITIONS

Chaque année, plus de 41 000 enfants sont portés disparus au Canada, dont plus de 5 000 au Québec. Les fugues représentent une importante majorité des cas. Toutefois, en 2014, au Québec, trente-deux cas concernaient des enlèvements, parentaux ou criminels[3]. Heureusement, la plupart des enfants disparus sont retrouvés dans la semaine qui suit leur disparition. Certains manquent cependant toujours à l'appel après des semaines, des mois et même des années[4].

La tendance semble se maintenir au Québec et au Canada. Il n'y aurait ni plus ni moins d'enlèvements criminels aujourd'hui que dans les années 1980, moment où est survenu le drame dans la vie de Véronique Rocheleau.

ENLÈVEMENT PAR UN ÉTRANGER[5]

Un enlèvement criminel consiste en un enlèvement par un étranger. La définition légale canadienne du terme «étranger» ne se limite toutefois pas à une personne complètement

---

3. Données tirées du document *Fiche de renseignements – Signalements du CPIC d'enfants et de jeunes disparus par province, profil et sexe 2014*, provenant du site Web canadasmissing.ca.
4. Selon Enfant-Retour Québec.
5. Informations recueillies sur le site officiel de la Gendarmerie royale du Canada.

inconnue de l'enfant. Elle exclut simplement le père, la mère et les tuteurs légaux de la victime. C'est-à-dire que la famille élargie, les amis, les connaissances, les voisins, etc., sont tous englobés dans le terme «étranger». Ainsi, un grand nombre d'enlèvements sont commis par des gens connus, de près ou de loin, par l'enfant.

Dès qu'un enfant est éloigné de plus de sept mètres d'un point donné, par la ruse ou l'amitié d'une personne ayant un ascendant sur lui, on parle d'enlèvement. Souvent, les enlèvements sont brefs et très peu rapportés par les médias. C'est ce qui rend les statistiques à ce sujet très vagues et complexes à interpréter.

Quand l'enlèvement est commis par un réel étranger (inconnu de la famille), ce qui est très rare, c'est toute la ville, même toute la province, qui est en émoi. Ce genre d'enlèvement marque souvent la mémoire des gens et ébranle la communauté durant plusieurs années.

LES RAVISSEURS[6]

L'âge moyen des ravisseurs est de vingt-sept ans. On remarque que 85 % sont célibataires, et que la moitié d'entre eux vivent chez leurs parents. Les ravisseurs sont très doués en manipulation. Ils utilisent la séduction et la motivation (récompense ou punition) pour pousser l'enfant à obéir.

---

6. *Ibid.*

MODUS OPERANDI[7]

Les modes opératoires des ravisseurs sont regroupés en deux catégories : l'attaque éclair et l'agression fondée sur la confiance ou la crédulité.

L'attaque éclair désigne l'agression subite de l'enfant. Le ravisseur aborde sa victime et commet son crime aussitôt. Les victimes d'une attaque éclair réagissent comme lors de tout événement inattendu, c'est-à-dire qu'elles peuvent être si surprises qu'elles perdent leurs moyens de défense. Elles peuvent aussi se retrouver avec un trou de mémoire ou une grande difficulté à se remémorer les détails de l'événement, tant le choc est grand. Une troisième partie d'entre elles catégoriseront ce qu'elles ont vécu comme une agression et se considéreront comme des survivantes.

L'agression fondée sur la confiance ou la crédulité est l'approche psychologique de la victime. C'est un stratagème complexe durant lequel l'agresseur gagne graduellement la confiance de sa victime afin de la fragiliser psychologiquement et mentalement. Manipulée de cette façon, la victime prend trop tard conscience du piège dans lequel elle est tombée et croit foncièrement qu'elle est en partie coupable de ce qui se passe. Ce faisant, sa confiance en elle est détruite, et le ravisseur a gagné.

---

7. *Ibid.*

Dans les deux cas, les ravisseurs utilisent des techniques très stéréotypées. Ceux qui s'en prennent aux enfants ont une bonne connaissance des désirs de ces derniers. Ils exploitent la candeur et la compassion de leur victime afin de l'attirer. Les cadeaux, les peluches et les petits animaux sont étonnamment de réels pièges employés par les ravisseurs. Les techniques les plus répandues, selon le Centre canadien de protection de l'enfance, consistent à offrir à l'enfant de le conduire quelque part, à lui proposer des friandises, à lui montrer un animal, à lui demander de l'aide pour retrouver un animal, à lui offrir de l'argent ou à lui demander son chemin.

LIEUX ET SITUATIONS À RISQUE[8]

Il existe des endroits et des moments où les enlèvements sont plus susceptibles d'avoir lieu. Dans tous les cas, le simple fait d'être seule ou non accompagnée rend la victime beaucoup plus vulnérable. Marcher seul entre l'école et la maison, attendre l'autobus scolaire, faire de la bicyclette en soirée et jouer dans un parc sans supervision sont toutes des activités à risque[9].

Mais les lieux bondés sont aussi risqués. Les stationnements de centres commerciaux, de jour comme de nuit, sont des endroits où il faut éviter d'être seul. Les événements

---

8. *Ibid.*
9. Il s'agit des circonstances de 38 % des cas d'enlèvements, selon le Centre canadien de protection de l'enfance.

publics rassemblant un grand nombre de visiteurs sont aussi dangereux que la buanderie du coin en pleine nuit.

Finalement, il est important de ne pas identifier ouvertement l'enfant (chandail ou étiquette avec le prénom), car la familiarité feinte est une façon très efficace pour le ravisseur d'entamer la conversation avec sa victime.

QUE FAIRE[10] ?

Le mot-clé est «vigilance». Gardez les yeux ouverts lorsque vous êtes dans un lieu public où évoluent des enfants. Si c'est un endroit que vous fréquentez habituellement, vous aurez tendance à remarquer rapidement les gens qui ne semblent pas accompagner ni surveiller un enfant en particulier.

Si vous croyez qu'un enfant n'est pas accompagné, il est recommandé, après avoir vérifié si ses parents sont dans les environs, de prendre les devants et de veiller à sa sécurité ou de faire appel à l'aide de la police.

N'hésitez pas à intervenir si vous voyez que quelqu'un semble chercher à éloigner un enfant d'une aire de jeux et que la situation vous paraît anormale. Le seul fait d'attirer

---

10. Informations récupérées sur le site du Centre canadien de protection de l'enfance.

l'attention sur la situation pourrait suffire à désamorcer un enlèvement d'enfant.

Finalement, restez à l'affût des gens qui accordent une attention démesurée à un enfant ainsi qu'aux enfants qui présentent des signes de détresse, quels qu'ils soient. La peur de vous tromper ou d'intervenir inutilement ne doit pas vous arrêter. Vous préférez certainement le malaise découlant du fait d'aborder un enfant qui semble seul à celui d'apprendre qu'un enfant a été enlevé dans le parc que vous fréquentez.

PRÉPARER L'ENFANT[11]

La clé est de développer la confiance de l'enfant et de lui inculquer des règles de sécurité personnelle. Il doit apprendre à prendre des décisions prudentes et à déceler les situations potentiellement dangereuses en se fiant à son instinct.

Premièrement, susciter la crainte des étrangers est inutile. Non seulement il est extrêmement rare que ce soit un réel étranger qui enlève un enfant (même un ami de la famille n'est pas perçu comme un étranger aux yeux de celui-ci), mais le cliché populaire de l'«étranger» renvoie à une personne laide, sombre ou méchante – une image que les ravisseurs d'enfants n'ont pas avantage à projeter. Il est beaucoup plus utile d'apprendre à l'enfant à ne suivre personne sans avoir

---

11. *Ibid.*

préalablement demandé la permission à ses parents. Pour le retour de l'école, vous pouvez par exemple vous entendre sur un mot-clé avec l'enfant (un mot que vous répéterez de temps à autre afin de lui remémorer que seuls ceux qui connaissent ce mot ont la permission de l'accompagner). Apprenez à votre enfant à se fier à son instinct et à faire la différence entre un bon et un mauvais secret. Créez une mise en situation. Demandez-lui comment il réagirait aux techniques des ravisseurs présentées plus haut. C'est à travers l'éducation que vous rendrez votre enfant moins susceptible d'être victime d'un crime.

Sur le site Web du Centre canadien de protection de l'enfance[12], vous trouverez des trucs en fonction de l'âge de votre enfant.

INTERNET

Le sujet du Web pourrait à lui seul faire l'objet d'un livre, alors je me contente de vous souligner que les réseaux sociaux constituent les plus grands lieux publics du monde, ce qui fait d'Internet un endroit de prédilection pour les ravisseurs. Sur le site «Une porte grande ouverte[13]», vous trouverez toutes les informations nécessaires à la protection de vos enfants, et ce, en fonction de leur groupe d'âge.

---

12. https://missingkids.ca/app/fr/non_family_abduction-prevention-safety_tips
13. http://www.thedoorthatsnotlocked.ca/app/fr/parent

ENFANT-RETOUR QUÉBEC

Enfant-Retour Québec est un organisme à but non lucratif dont l'objectif est d'apporter de l'aide aux parents et à la police dans les cas de disparitions d'enfants de tous types (enlèvements parentaux, fugues, enlèvements criminels).

Tous les professionnels de ce regroupement participent activement à la cueillette d'informations, tant auprès des parents que de la communauté, tout en offrant leur soutien aux proches. Ils sont également le lien entre les corps policiers et la famille de l'enfant disparu, en plus de faire circuler le plus de renseignements possible sur l'enfant et les circonstances de sa disparition, à grande échelle, afin d'aider à le retrouver.

Aujourd'hui, Enfant-Retour Québec est considéré comme la référence au Québec en matière de recherche d'enfants disparus et de prévention des disparitions et de l'exploitation.

Depuis sa fondation en 1985, l'organisme a collaboré à retrouver plus de 1 100 enfants disparus.

En plus d'agir lors de disparitions, Enfant-Retour Québec travaille activement à la prévention. En effet, ses représentants offrent une foule de ressources aux parents afin qu'ils puissent intervenir de façon judicieuse dans l'éducation de leurs enfants à propos de leur sécurité personnelle. Enfant-Retour Québec présente des ateliers et des séminaires pour former les parents, les professionnels ainsi que les enfants. L'organisme offre également à des centaines de milliers de familles la possibilité de produire un carnet d'identité à jour de leur enfant. Il a aussi lancé Enfant-Alerte, une application qui permet aux parents de conserver le carnet de leurs enfants sur leur téléphone intelligent.

Enfant-Retour Québec met aussi à la disposition des internautes une documentation complète dispensant des conseils et des trucs à instaurer auprès des enfants, selon leur groupe d'âge, afin de leur apprendre à prendre soin d'eux-mêmes.

ALERTE AMBER

En 2003, Enfant-Retour Québec a aidé à la mise en place du programme d'alerte AMBER à l'échelle provinciale.

Le programme d'alerte AMBER a été créé en 1996, à Arlington, au Texas, à la suite de l'enlèvement et du meurtre d'Amber Hagerman, neuf ans.

Au Québec, il implique la participation du Service de police de la Ville de Montréal, de la Sûreté du Québec, de la Gendarmerie royale du Canada, de plusieurs institutions publiques ainsi que d'Enfant-Retour Québec.

Tous ces organismes unissent ainsi leurs forces dans la recherche d'enfants portés disparus et diffusent les avis de recherche à la radio, à la télévision, sur les panneaux publicitaires et par messages textes. Il s'agit d'une mesure extrême que seule la police peut activer dans les cas les plus graves et les plus urgents uniquement, et lorsqu'elle détient suffisamment d'informations sur les circonstances de l'enlèvement.

Depuis son entrée en vigueur, l'alerte AMBER a été donnée à neuf reprises au Québec, entraînant, dans chaque cas, la découverte de l'enfant disparu, sain et sauf[14].

RESSOURCES PORTANT SUR LES ENFANTS DISPARUS AU CANADA

- www.alerteamber.ca
- www.canadasmissing.ca/part/index-fra.htm
- www.enfantsportesdisparus.ca
- www.enfant-retourquebec.ca
- http://www.thedoorthatsnotlocked.ca/app/fr
- http://www.spvm.qc.ca/fr/PersonnesRecherchees/Disparues

POUR EN APPRENDRE DAVANTAGE SUR L'ENLÈVEMENT D'ENFANTS PAR UN ÉTRANGER AU CANADA

DALLEY, Marlene L., Ph.D., et Jenna RUSCOE, B.A., M.Sc. *L'enlèvement d'enfants par un étranger au Canada: nature et portée*, 2003, http://publications.gc.ca/collections/collection_2012/grc-rcmp/PS64-100-2003-fra.pdf

---

14. Selon Pina Arcamone, Enfant-Retour Québec.

QUELQUES CAS D'ENFANTS
DISPARUS ET RETROUVÉS

JOLÈNE RIENDEAU

Circonstances de la disparition: Pointe-Saint-Charles, 12 avril 1999.
Jolène Riendeau, âgée de dix ans et demi, aide son père à faire
le souper. Pour la récompenser, il lui donne un peu d'argent
de poche afin qu'elle puisse s'acheter un sac de croustilles au
dépanneur, à un pâté de maisons de chez elle. La dernière fois
où elle a été vue en vie fut au dépanneur, alors qu'elle chaus-
sait ses patins à roulettes. Le secteur a été ratissé de long en
large par la police. Les agents sont allés jusqu'à faire abaisser
le niveau de l'eau du canal de Lachine pour en draguer le
fond.

Circonstances de la découverte: Le 9 septembre 2010, un citoyen signale
la présence de restes humains sous la structure de l'autoroute
15 Sud, à l'opposé du Club de tennis Île des Sœurs. Pour le
bien de l'enquête, ce n'est que le 3 mai 2011, soit douze ans

après la disparition de Jolène, qu'on confirme aux médias la découverte des restes de la petite Riendeau. Le suspect principal, qui clame son innocence, purge déjà une peine d'emprisonnement pour séquestration et voies de fait contre deux femmes.

CÉDRIKA PROVENCHER

Circonstances de la disparition: Trois-Rivières, 31 juillet 2007. Cédrika Provencher, âgée de neuf ans, joue au parc avec une amie. Un homme les aborde afin qu'elles l'aident à retrouver un chien perdu. Différents témoins la situent à divers endroits dans le quartier, qu'elle quadrillait à bicyclette. Vers 20 h 30, son vélo est retrouvé, appuyé contre une borne-fontaine. Dans les jours suivants, une cinquantaine de policiers et une centaine de bénévoles fouillent les environs, assistés par des bateaux et des hélicoptères.

Circonstances de la découverte: Le 11 décembre 2015, deux chasseurs trouvent un crâne qu'ils croient être celui d'un enfant à Saint-Maurice, tout près de Trois-Rivières, aux abords de l'autoroute 40 Est. Le lendemain, la police confirme que ce sont les restes de Cédrika Provencher. L'enquête, qui avait ralenti au cours des années, a repris à la suite de cette découverte, mais aucun développement supplémentaire n'est connu du public.

MÉLANIE DECAMPS

Circonstances de la disparition: Drummondville, 9 août 1983. Mélanie Decamps, âgée de six ans, campe au Camping des Voltigeurs. 12 h 30: madame Decamps laisse sa fille au terrain de jeux, le temps d'aller faire des emplettes au dépanneur du camping. À son retour, Mélanie est introuvable. À 15 h 30, on communique avec la police afin d'obtenir de l'aide. Pendant les jours qui suivent, des battues en forêt sont organisées par des centaines de bénévoles de la région.

Circonstances de la découverte: Douze jours plus tard, les policiers interrogent un homme qu'ils observent depuis quelque temps. L'homme fournit des informations précises qui mènent à la découverte du corps mutilé de Mélanie, ligoté à un arbre, à sept kilomètres du parc. L'agresseur, Michel Déry, avait même participé aux recherches à titre de bénévole. Comme son âge mental se situe entre cinq et douze ans, l'homme est confié à l'Institut Philippe-Pinel de Montréal.

QUELQUES CAS D'ENFANTS TOUJOURS PORTÉS DISPARUS

JULIE SURPRENANT

Date de naissance : 31 mars 1983
Taille : 1,57 m
Poids : 45 kg
Yeux : bruns
Cheveux : bruns
Langue parlée : français

Circonstances de la disparition : Terrebonne, 15 novembre 1999. Julie Surprenant, âgée de seize ans, passe la soirée à la maison des jeunes de son quartier. À 20 h 30, son amie la laisse à l'arrêt d'autobus des Galeries Terrebonne, où elle prend l'autobus et discute avec le chauffeur jusqu'à son arrêt, à cinquante mètres de l'immeuble à logements où elle habite avec son père. Il est 20 h 56. Un homme aux vêtements foncés est assis dans l'abribus, le chauffeur lui demande s'il veut monter, mais il refuse. D'autres témoins affirment avoir vu deux silhouettes marcher de l'abribus à l'immeuble. Le lendemain matin, le père de Julie remarque qu'elle n'est pas à la maison. Il appelle à l'école et constate qu'elle ne s'est pas présentée en classe. Le soir même, la police considère sa disparition comme un enlèvement.

Circonstances de la découverte: Au moment d'écrire ce livre, on n'a trouvé aucune trace de Julie Surprenant. Le principal suspect, Richard Bouillon, est décédé en 2006. Les rumeurs veulent qu'il se soit confessé à l'aumônier et aux infirmières de l'étage du CHSLD où il était en fin de vie, mais l'affaire reste irrésolue à ce jour. Le père de Julie a fondé l'Association des familles de personnes assassinées ou disparues (http://afpad.ca), en collaboration avec trois autres pères affectés par des crimes commis envers leur famille.

DAVID FORTIN

Date de naissance: 9 juin 1994
Taille: 1,73 m
Poids: 75 kg
Yeux: bruns
Cheveux: bruns
Langue parlée: français

Circonstances de la disparition: Alma, 10 février 2009. David Fortin, âgé de quatorze ans, attend l'autobus pour se rendre à l'école secondaire Camille-Lavoie. Il ne monte jamais à bord. Il porte un manteau rouge avec l'inscription « Polaris » à l'arrière, un polar noir avec capuchon, un jean bleu, des gants d'hiver rouges, une tuque grise et des espadrilles beiges.

Circonstances de la découverte : David n'a toujours pas été retrouvé, mais sa mère ne perd pas espoir. Un site Internet a été créé pour aider et soutenir la famille : http://www.davidfortin.ca.

SÉBASTIEN MÉTIVIER

Date de naissance : 4 décembre 1975
Taille : 1,20 m
Poids : 30 kg
Yeux : bruns
Cheveux : châtains
Langue parlée : français

Circonstances de la disparition : Hochelaga-Maisonneuve, 1er novembre 1984. Sébastien Métivier, âgé de huit ans, disparaît mystérieusement. Le même jour, Wilton Lubin, douze ans, et Maurice Viens, quatre ans, disparaissent dans l'est de Montréal. Quatre jours plus tard, le corps de Maurice Viens est retrouvé dans un sous-sol de Saint-Antoine-sur-Richelieu. Un mois plus tard, on repêche la dépouille de Wilton Lubin dans le fleuve Saint-Laurent, près des îles de Boucherville. Par contre, aucun signe de Sébastien Métivier.

Circonstances de la découverte : À ce jour, la mère de Sébastien ne perd pas espoir. En 2014, un portrait-robot représentant Sébastien

Métivier à trente-huit ans a été diffusé afin de donner un nouvel essor aux recherches. Il est à noter que c'est devant le manque de ressources de l'époque que l'organisme Enfant-Retour Québec a été créé (www.enfant-retourquebec.ca).

DOSSIER DE PRESSE

VÉRONIQUE, 8 ANS, ENLEVÉE À LA SORTIE DE L'ÉCOLE

Tard, hier soir, les policiers continuaient toujours à patrouiller les zones à proximité du quartier Rosemont dans l'espoir de retrouver une fillette de huit ans, Véronique Rocheleau, enlevée à la sortie de l'école.

Pierre Richard

Les policiers étaient cependant réticents à parler carrément d'enlèvement. Ils préféraient nettement parler de disparition «et possiblement d'enlèvement.» C'est qu'il n'y aurait eu aucune violence de la part du présumé ravisseur et que la fillette n'aurait eu aucune hésitation à le suivre.

À trois heures trente, dès la fin des cours, Véronique quittait l'école Madeleine de Verchères, du 6017, rue Cartier, en compagnie de deux de ses amies. Les trois petites filles regagnaient la maison quand un homme s'est approché de Véronique qui, après avoir échangé quelques paroles avec lui, acceptait de le suivre.

Les deux petites filles devaient par la suite faire savoir aux policiers que Véronique s'était éloignée, tenant l'inconnu par la main, en empruntant la rue Belechasse, vers l'est. Autrement dit, elle tournait carrément le dos à la maison paternelle qui est située sur la rue Papineau.

Ce n'est cependant que quelques heures plus tard que les policiers devaient être mis au courant de toute cette histoire. En effet, les parents de l'enfant, inquiets de ne voir cette dernière de retour à la maison, prévenaient les policiers vers 17h20. Entretemps, le père de l'enfant avait communiqué avec plusieurs des petites amies de sa fille et il est permis de croire qu'il avait déjà, lui-même, reconstitué le film des événements au moment où les policiers sont intervenus.

Les deux petites amies de Véronique, interrogées par la police, devaient donner la description d'un homme blond, d'environ six pieds et âgé de 20 à 25 ans. L'homme aurait été vêtu d'un manteau noir et de jeans.

«Le problème, de dire, le policier Mario d'Arcy, des relations publiques de la police de la CUM, c'est qu'il est souvent difficile pour des enfants de cet âge de faire une description précise de la taille et de l'âge d'un adulte...»

Les petites auraient aussi signalé un prénom aux policiers mais ceux-ci ne l'utilisent, pour l'instant, qu'à des fins opérationnelles.

Au moment de sa disparition, Véronique portait un ensemble de neige bleu foncé, avec un capuchon rouge, des mitaines rouges et des bottes de cuir noir. L'enfant parle français, a les cheveux châtains, aux épaules, et a les yeux bruns. Toute personne pouvant donner des détails au sujet de l'enfant est priée de communiquer le plus rapidement possible avec les policiers de la CUM.

Photo Le Journal - Yves FABE

Véronique Rocheleau, huit ans, a accepté de suivre un inconnu à sa sortie de l'école. On est sans nouvelle d'elle depuis.

La police conclut au kidnapping de la jeune écolière de Rosemont

Elle aurait suivi un homme à la sortie de l'école

■ La petite Véronique Rocheleau, 8 ans, du quartier Rosemont, était hier soir toujours aux mains de son ravisseur.

ANDRÉ PÉPIN

La fillette est disparue mardi après-midi, à la fin de la journée de classe. Elle aurait suivi, le tenant même par la main, un homme d'une vingtaine d'années. Il s'agit, précise-t-on, d'un homme d'expression française, mesurant 1m70 à 1m77 et pesant de 67 à 72 kg. aux cheveux

voir ÉCOLIÈRE en A 2

voir ÉCOLIÈRE en A 2

■ autres informations et photos/page A 3

Véronique Rocheleau

Le suspect

Bon nombre de parents ont accompagné hier leurs enfants à l'école.

photo Paul-Henri Talbot, LA PRESSE

UN MANIAQUE SEXUEL POURRAIT ÊTRE LE RAVISSEUR DE LA PETITE VÉRONIQUE

La photo de Véronique Rocheleau, telle que fournie par la police.

UN VOYANT SE TROMPE

(GR) — Il fallait s'y attendre: un voyant s'est déjà mis de la partie et a prétendu pouvoir dire avec certitude où se trouvait la petite Véronique Rocheleau.

Toutefois, son information s'est avérée un panier percé et il y a fort à parier que d'autres voyants se mettront de la partie.

On se souviendra que plusieurs présumés voyants avaient tenté de guider la Sûreté du Québec vers toutes sortes de pistes, dans le cas de l'affaire de Mélanie Decamps. Toutefois, ces pistes s'étaient avérées sans fondement.

Il n'en reste pas moins que la police doit faire son devoir et vérifier, au cas où. C'est ainsi qu'hier, une voyante a affirmé que comme fer que l'enfant se trouvait à telle adresse, dans le nord-est de la ville, ce qui s'est avéré toutefois inexact.

Textes: Guy Roy
Photos Albert VINCENT
et Jean-Louis Boyer

Tout indique que Véronique Rocheleau, 8 ans, disparue depuis mardi après-midi, a été enlevée et malheureusement, l'hypothèse la plus vraisemblable voudrait qu'un maniaque sexuel en soit l'auteur.

Véronique Rocheleau, du 6509, rue Papineau, à Montréal, sortait de l'école primaire Madeleine de Verchères, à l'angle des rues Cartier et Bellechasse, à Montréal, lorsqu'elle aurait été accostée par un jeune homme dans la vingtaine, vêtu d'un manteau en cuir noir et de jeans.

Elle aurait accepté gentiment de le suivre et est disparue depuis ce temps. La police ne détient aucun indice susceptible de la retrouver et pis, encore, une fouille systématique de tout le secteur sis entre le boulevard Métropolitain, la rue Laurier, la rue Saint-Hubert et la 10e Avenue n'a rien donné.

L'hypothèse d'enlèvement contre rançon a rapidement été éliminée pour deux raisons. La première, c'est que M. et Mme Rocheleau ne roulent pas sur l'or, même s'il s'agit d'honnêtes travailleurs. Dominique Rocheleau, 29 ans, travaille au Canadien Pacifique tandis que sa femme est l'employée dans un hôpital.

Le drame est d'autant plus pénible pour Mme Rocheleau qui est présentement en congé de maternité. Elle devrait accoucher d'un garçon au début de février. Heureusement, même si cette épreuve la traumatise profondément, le bébé ne semble avoir subi aucune conséquence néfaste.

Pas une histoire de famille

Le mobile de l'histoire de famille a aussi été éliminé. M. et Mme Rocheleau forment un couple heureux et, de plus, tous les membres de leur famille ont subi un interrogatoire et il semble clair qu'ils n'ont nullement participé à l'enlèvement.

pliqués dans des enlèvements, des séquestrations ou des délits sexuels.

Cet enlèvement a ameuté tout le quartier et les parents étaient fort nombreux, hier, à aller reconduire et chercher leurs enfants à l'école, alors qu'ils sont généralement une poignée. Un climat de peur et de méfiance s'est installé parmi la population et même dans les autres écoles du quartier, une plus grande présence des parents a été notée.

Véronique Rocheleau mesure environ quatre pieds (1,22 m), pèse 20 kilos, a les cheveux châtains, les yeux bruns et parle français. Lors de sa disparition, elle portait un ensemble de neige bleu et un chapeau rouge, un pantalon bleu marin, des bottes de cuir noires, des mitaines rouges et une chemise rouge.

Toute information à son sujet doit être communiquée à la police de la CUM, tél. 934-2243, où la confidentialité est de rigueur.

«Je suis un ami de ta mère, viens avec moi», a dit l'homme

Plusieurs parents sont allés chercher leurs enfants, à la fin des classes, à l'école Madeleine de Verchères, que fréquente la petite disparue.

(GR) — «L'homme lui a dit: «Je suis un ami de ta mère. Viens avec moi, elle nous attend. Et ils sont alors partis ensemble.»

C'est ce qu'a mentionné une fillette de 7 ans, compagne de classe de Véronique Rocheleau, qui affirme avoir été témoin de l'enlèvement de sa copine.

Parce qu'il est possible que dans le cas présent on ait affaire à un dangereux maniaque qui veut s'en prendre aux témoins de l'événement, nous tairons le nom de cette petite fille.

Elle a raconté qu'elle se trouvait tout près de Véronique quand l'inconnu a interpellé Véronique en l'appelant Caroline. «Je ne m'appelle pas Caroline, mais Véronique», lui a répondu du tac au tac la disparue.

C'est à ce moment que l'inconnu a prétendu être un ami de sa mère et l'a invitée à le suivre, ce que la fillette a fait sans réticence, semble-t-il. «Mon amie et moi avons pris la ruelle pendant que Véronique et l'homme continuaient leur chemin sur la rue Cartier», a affirmé notre jeune interlocutrice.

Elle a ajouté: «On se demandait si on ne devait pas les suivre, mais mes parents aiment que je revienne le plus tôt possible à la maison et c'est ce que j'ai fait.»

Mme Denise Majeau, mère d'une autre fillette fréquentant la même école que Véronique, a précisé que cette dernière est très intelligente et très débrouillarde.

L'enquête est placée sous la direction du sergent-détective Michel Moussette, du poste 43, qui est soutenu par une soixantaine de policiers du groupe tactique, de ceux des postes environnants et même des agents du Bureau des enquêtes criminelles. Les premiers ont ratissé le secteur deux fois, tandis que les seconds procèdent à l'interrogatoire de suspects possibles, approchant notamment des individus ayant déjà été im-

Accompagnée par des parents, cette femme âgée, possiblement la mère de Mme Rocheleau, a passé la journée avec le couple éprouvé.

Véronique, 8 ans... enlevée

Plusieurs parents sont venus chercher leurs enfants à l'école Madeleine-de-Verchère, mercredi, après la disparition de la petite Véronique, 8 ans, la veille. Tout porte à croire que ce serait l'oeuvre d'un déséquilibré.

(Laserphoto PC)

Un déséquilibré?

Les parents ont peur et plusieurs viennent chercher leurs enfants à l'école

MONTREAL (PC) — La petite Véronique Rocheleau, 8 ans, du quartier Rosemont à Montréal, était toujours aux mains de son ravisseur, mercredi soir. La fillette est disparue mardi après-midi, à la fin de la journée de classe.

Elle aurait suivi, le tenant même par la main, un homme d'une vingtaine d'années aux cheveux blonds portant un blouson noir et des jeans. L'individu avait abordé Véronique à quelques pas de l'école Madeleine-de-Verchère, qu'elle fréquente. La police a maintenant la certitude qu'il s'agit d'un enlèvement.

Confinés dans leur logement de la rue Papineau dans le nord-est montréalais, les parents de la fillette, Dominique et Lise Rocheleau, vivent des heures d'angoisse, de désespoir même. La mère, brisée par l'inquiétude, en est aux derniers jours d'une deuxième grossesse. Le ravisseur ne se manifeste pas; la police enregistre sur bande magnétique tous les appels logés au domicile des parents.

Une autre patrouille reste en permanence devant le très modeste logement des Rocheleau, juste au-dessus d'un restaurant. Le père est un employé des chemins de fer et sa femme est en congé de maternité. Ils ont 29 et 27 ans. La police ne croit pas que le ravisseur cherchera à obtenir une rançon; la thèse voulant qu'il s'agisse, encore une fois, d'un déséquilibré est plus plausible.

Peu d'indices

"Les recherches se poursuivent", répètent les policiers aux gens de la rue, aux journalistes et à la famille. Des bandes d'écoliers viennent s'informer auprès des agents de police à l'heure du lunch; tous connaissent bien Vé-

ronique. Dans les rues de voisinage, des parents inquiets sont nombreux: la police est convaincue qu'il s'agit d'un enlèvement, et les gens ont peur.

Dans les postes de police avoisinants, les agents revoient les listes de criminels et des déséquilibrés susceptibles de s'en prendre à de jeunes enfants. Les recherches se poursuivent. Où chercher un enfant disparu dans un quartier aussi populeux que la partie ouest du secteur Rosemont où l'on retrouve d'innombrables ruelles, rues, hangars, édifices en construction?

"Nous travaillons avec les équipes habituelles d'intervention. Toutes les informations qui nous parviennent sont vérifiées avec soin", soutient le détective responsable, M. Michel Moussette, qui admet qu'il est impossible de fouiller chacune des habitations du secteur. "Il nous faut des informations, c'est notre plus grand espoir à ce moment-ci", tranche

l'enquêteur. Ce type d'enquête peut durer des jours, des semaines... L'angoisse des parents est indéfinissable.

Le film des événements

Véronique a quitté l'école en compagnie de deux petites amies, mardi après-midi, à 15h30. Selon le témoignage des enfants, un homme qui disait s'appeler François s'est approché de Véronique. Quelques instants plus tard, elle le suivait, lui donnant même par la main, soutiennent les jeunes témoins.

Ce n'est qu'en fin d'après-midi, que les parents ont inquiets de l'absence prolongée de Véronique, ont alerté la police. Les deux petites compagnes ont immédiatement été interrogées. Des patrouilleurs ont alors entrepris de ratisser le secteur, tandis que la famille et d'autres agents interrogeaient les gens des environs.

ENFERMÉE PENDANT DEUX JOURS DANS UN SOUS-SOL ABANDONNÉ DE LA RUE LAURIER

La petite Véronique réussit à s'enfuir

Son ravisseur est toujours en liberté

■ Prisonnière depuis deux jours dans la cave d'un immeuble désaffecté, à trois kilomètres de chez elle, Véronique Rocheleau, 8 ans, avait surtout hâte hier soir de se jeter dans les bras de ses parents pour ensuite dévorer des «toasts au beurre de peanut». Elle voulait vite quitter l'hôpital Sainte-Justine pour dormir dans son lit.

ANDRÉ PÉPIN et MARTHA GAGNON

Elle était enfermée depuis deux jours dans le sous-sol en terre battue du 778, rue Laurier, dans l'est de Montréal. Incapable de sortir, la porte étant attachée avec un fil métallique, Véronique a dormi sur deux gros coussins. Hier après-midi, affamée et en panique, elle a remarqué qu'une cloison de planches divisait la cave en deux. Habilement, avec l'énergie du désespoir, elle a défoncé la cloison pour fuir par un deuxième escalier. Elle a déclaré aux policiers qu'elle est demeurée seule dans ce local durant sa détention.

Cette version, fournie par les enquêteurs, diffère toutefois sensiblement de celle qu'elle aurait donnée au moment de sa libération. Il était 16h30 hier lorsque Véronique, sortant en courant, affolée, du 790 Laurier, s'est jetée dans les bras d'une passante, Mme Aurora Demaros, qui ne comprenait pas ce qui se passait. L'enfant s'est exclamé, selon cette dame. • **Ma**- **voir VÉRONIQUE en A 2**

■ **autres informations et photos/page A 3**

photos Paul-Henri Talbot, LA PRESSE

photo PC

Dans l'auto-patrouille qui l'amène à l'hôpital, Véronique Rocheleau, 8 ans, a hâte de se réchauffer et de retrouver ses parents. Lise et Dominique, les jeunes parents, sont fous de joie de retrouver leur fille vivante.

Les patrouilles policières avaient été intensifiées afin de retrouver Véronique

Accompagnés d'un enquêteur de la police de la CUM, Lise et Dominique Rocheleau se sont rendus sur la rue Gordon, à Verdun, au poste CKVL

Le ravisseur est-il cet inconnu qui a communiqué avec notre collaborateur Claude Poirier?

Notre collaborateur Claude Poirier a rencontré privément Dominique et Lise Rocheleau et les a secondés pendant toute la durée des négociations

Dominique Rocheleau, accompagné de son épouse Lise et du sergent Normand Bélair de la police de la CUM, s'est adressé au présumé ravisseur sur les ondes de CKVL

Le couple Rocheleau a été pourchassé par les photographes et les journalistes à leur sortie de la salle des nouvelles de CKVL

Lise et Dominique Rocheleau quittent CKVL. Ils viennent d'apprendre qu'on a retrouvé leur fille. Ils ont quitté, angoissés, la station radiophonique pour l'hôpital Sainte-Justine afin de s'assurer qu'il s'agissait bien de leur fille. C'était bien elle...

L'enfant a-t-elle été enlevée pour une rançon ou par un maniaque?

Le couple Rocheleau photographié à l'entrée de CKVL

Cet enquêteur se tient derrière la cloison défoncée par Véronique pour sortir de sa "prison"

Le ravisseur de Véronique a même bouché la fenêtre de la cave avec une couverture

Véronique a dormi sur ces deux coussins

Véronique a passé tout son temps dans cet infect réduit

Les enquêteurs ont fouillé la cave à la recherche d'indices compromettants pour le ravisseur

Non, Véronique ne partira plus jamais avec un inconnu!

Dominique Rocheleau était très heureux de la tournure des évé- nements

Dominique Rocheleau a rencontré les journalistes dans le hall d'entrée de l'hôpital Sainte-Justine

Véronique avait hâte de manger des "toasts au beurre de peanut"!

LES 49 HEURES DE SÉQUESTRATION DE LA PETITE VÉRONIQUE

elle est originaire de la petite localité de Sainte-Jeanne-d'Arc de Lefebvre, près de Drummondville. La jeune femme de 27 ans est présentement enceinte et doit donner naissance à son second enfant vers le 12 février.

Le jeune couple habite depuis cinq ans un modeste logis situé au-dessus d'un petit commerce de "hot dogs" de la rue Papineau, à Montréal. Ils auront à tout jamais gravée dans leur mémoire cette fatidique journée du mardi 24 janvier 1984.

C'est précisément cette journée-là, vers 15 h 30, que leur unique enfant a été accostée dans la rue par un inconnu. La fillette était accompagnée de deux petites amies qui fréquentent comme elle l'école primaire Madeleine-de-Verchères, rue Cartier, à Montréal.

Des heures interminables

En moins de deux heures, les enquêteurs du poste 43 de la police de la CUM étaient avisés par les parents de la possibilité que leur fillette ait été enlevée par un inconnu, ce qui devait d'ailleurs être confirmé plus tard par les deux petites copines qui avaient observé un jeune homme s'éloigner en emmenant avec lui Véronique Rocheleau.

À partir de ce moment, Dominique et Lise Rocheleau ont vécu des heures d'angoisse interminables, ne sachant aucunement ce qu'il était advenu de leur enfant. S'agissait-il d'un véritable enlèvement? Pourquoi le ravisseur ne faisait-il pas connaître ses conditions en échange de la liberté de sa jeune victime? Pouvait-il s'agir de l'oeuvre d'un déséquilibré ou d'un maniaque sexuel?

Autant de questions toujours sans réponse, le jeudi après-midi 26 janvier, lorsqu'un individu a communiqué une première fois par téléphone avec le reporter Claude Poirier, de la station CKVL de Verdun, se disant prêt à négocier pour la libération de la petite Véronique Rocheleau.

Pour une raison encore inexpliquée, le ravisseur n'a jamais mené à terme ses négociations puisque l'enfant réussissait à sortir d'elle-même de sa prison, soit une maison désaffectée située au 780 est, rue Laurier, à Montréal, vers 16 h 30 le jeudi 26 janvier.

Des réflexes exceptionnels

Après avoir raconté à une passante, Mme Aurora Debaros, qu'elle avait été gardée prisonnière pendant deux jours, Véronique Rocheleau devait par la suite être conduite par les policiers à l'hôpital Sainte-Justine de Montréal.

Bien qu'elle ait souffert de la faim, de la soif et du froid, Véronique Rocheleau était tout de même en bonne santé lorsqu'elle a été amenée à l'hôpital en tenant fermement un sac de croustilles que les policiers lui avaient offert!

Dominique et Lise Rocheleau n'ont pas caché leur joie en revoyant leur fille Véronique qui a pris un petit air espiègle pour satisfaire notre photographe

L'inconnu à la veste de cuir a attiré l'enfant en lui faisant croire qu'il était un ami de ses parents

Véronique a patienté pendant 49 heures avant de pouvoir savourer sa première "beurrée de beurre de peanut"

Il a attiré l'enfant dans une maison abandonnée en lui faisant croire que ses parents voulaient l'acheter

Au grand soulagement de ses parents, les médecins devaient constater plus tard que la fillette n'avait pas été sexuellement violentée.

Soumise à un interrogatoire conduit par des psychiatres de l'hôpital Sainte-Justine, Véroni-

que Rocheleau en aurait étonné plus d'un par son calme déconcertant tout au long de son récit sur l'enlèvement et la séquestration dont elle venait d'être l'innocente victime.

Il semble que la fillette, malgré son jeune âge, n'aurait presque pas éprouvé de sentiments de panique pendant son séjour de 49 heures où elle a été enfermée, seule et sans nourriture, dans le sous-sol infect d'un immeuble abandonné.

Et que ses réflexes exceptionnels dans de telles circonstances auraient sans aucun doute été un atout extrêmement important pour surmonter sa crainte et sa peur, et pour réussir à prendre la fuite.

Balade en autobus

Il va sans dire que depuis sa libération saine et sauve d'une telle aventure, Véronique Rocheleau a aussi été longuement interrogée par la police, et qu'elle a même subi une séance d'hypnose afin que les enquêteurs puissent recueillir toute information susceptible de remonter jusqu'au ravisseur.

Mais il semble que l'enfant ne se soit pas tellement concentrée sur l'aspect physique de son ravisseur qui l'aurait accostée dans la rue en lui disant qu'il connaissait ses parents.

Prétextant qu'il voulait lui montrer une maison que ses parents projetaient d'acheter sous peu, l'inconnu à la veste de cuir noir a même fait un bout de chemin en autobus avec sa jeune victime qui l'a suivi sans trop savoir pourquoi.

Sur les indications du jeune homme qui lui pointait une maison en rénovation, Véronique se rappelle lui avoir dit: "Mes parents n'ont pas assez d'argent pour acheter une maison!"

À ce moment, l'homme lui a demandé de l'attendre sur le trottoir, en avant de l'immeuble, pendant qu'il se dirigeait vers l'arrière de la maison. La fillette et son ravisseur ont pénétré dans la maison pour ensuite se diriger vers un escalier conduisant au sous-sol.

Des attouchements

Une fois rendue dans ce sous-sol humide et infect où il y avait tout de même de l'électricité puisqu'une lumière éclairait les lieux, la fillette a de nouveau échangé quelques paroles avec l'individu qui l'avait entraînée à l'écart de tout regard indiscret.

Sans trop savoir ce que cet homme ruminait dans sa tête, l'enfant se souvient qu'à un certain moment, il lui a dit: "Je sais que c'est pas une bonne place pour faire un examen, mais si je le fais pas, ta mère va me chicaner..."

Sur les conseils de cet individu qui se prétendait médecin, l'enfant s'est déshabillée docilement, et c'est à ce moment qu'il s'est livré à quelques attouchements, mais sans qu'il y ait une véritable agression sexuelle.

Pour une raison plutôt nébuleuse, l'individu s'est emparé

VÉRONIQUE ET SON RAVISSEUR ONT MÊME VOYAGÉ EN AUTOBUS

Véronique ne s'est pas gênée pour montrer à notre photographe la joie qu'elle ressentait à retrouver ses poupées Fraisinette et Limette

Véronique adore dévorer des gâteaux

Son institutrice était tellement heureuse d'apprendre que Véronique était saine et sauve qu'elle n'a pu s'empêcher de lui faire parvenir ces fleurs

"Le mercredi, j'ai essayé de sortir et j'ai fait dodo. Le lendemain jeudi, j'ai trouvé la sortie"

e retour de Véronique à son domicile de la rue Papineau a été dignement célébré. On lui a même remis ce charmant cadeau de retrouvailles

LES CONSEILS DE VÉRONIQUE AUX JEUNES ÉCOLIERS

Afin que d'autres enfants n'aient pas à vivre le terrible cauchemar qu'elle a elle-même vécu pendant de longues et interminables heures, la petite Véronique Rocheleau a profité de l'occasion pour transmettre quelques conseils de prudence à tous les enfants du monde.

Véronique ne peut décrire en détail son ravisseur, mais elle a dit aux policiers: "Trouvez-le et je vais pouvoir le reconnaître"

Voici donc le texte intégral de cette missive qui a été rédigée de concert avec son père, Dominique Rocheleau, quelques jours après son retour au domicile familial.

"Bonjour, je voudrais remercier Mme Aurora Debaros d'avoir passé par là au moment précis pour mettre fin à mon cauchemar. Je remercie l'agent André Thifault et Gilles Provost qui ont fait en sorte que mes parents me rejoignent à l'hôpital Sainte-Justine, tout en communiquant avec Claude Poirier, de CKVL, et l'agent Normand Bélair.

"Je remercie tous les policiers qui m'ont cherchée pendant deux jours, et aussi le travail des détectives qui ont soutenu mes parents tout en faisant leur travail jour et nuit.

"À tous les enfants du monde qui vont à l'école, j'aimerais vous laisser un message.

"1° Écoutez vos parents; prenez en considération les choses qu'ils vous diront. 2° Ne jamais partir avec quelqu'un qu'on ne connaît pas, même s'il dit qu'il connaît vos parents. 3° Partez de l'école avec plusieurs ami(e)s ou avec un prof ou avec un de vos parents. 4° Que les brigadiers soient toujours à leur poste, surtout à la fin des classes, même s'ils doivent rester une heure plus tard que la fermeture de l'école parce qu'il y a des enfants en retenue quelques fois."

REMERCIEMENTS

Je tiens tout d'abord à remercier Véronique, ma grande sœur, qui m'a permis de raconter son histoire. Tu as fait preuve d'un énorme courage de nombreuses fois dans ta vie. La plus récente fut de t'ouvrir entièrement à moi, et aux lecteurs par le fait même.

Je remercie aussi ma mère, qui a laissé parler son cœur durant ces heures passées au téléphone. J'avoue t'avoir écoutée sur haut-parleur, parce que je devais constamment essuyer mes larmes. Jamais je n'aurais cru que ces discussions me rapprocheraient autant de toi.

J'ai entamé la rédaction de ce livre en 2011, quelques mois après la naissance de mon deuxième enfant. Il a aujourd'hui cinq ans. Depuis, un troisième enfant s'est ajouté à la tribu. Merci donc à toute ma gang pour sa présence et son amour.

Merci à tous ceux que j'ai interrogés durant l'écriture de ce livre : mes tantes et mes oncles, bien sûr (trop nombreux pour être nommés), mais aussi Annie Charbonneau, Michel Moussette, Aurora De Barros et Claude Poirier. Vos témoignages m'ont beaucoup touché.

Finalement, je remercie les Mortagnettes, mes chères éditrices. Votre compréhension me touche énormément, tout comme votre folie et votre désir de vous surpasser. Un merci tout spécial à Marie-Eve, qui dirige chaque projet avec son cœur, et à Aimée, qui travaille sur chacun de mes romans avec la méticulosité d'une joaillière.